Der Weltraum

333-mal was Kinder wirklich wissen wollen

Kerstin Landwehr

Unter Mitarbeit von
Jürgen Brück, Sabine Fritz, Heike Huwald,
Feryal Kanbay, Isabel Liebers, Hanna Verena Zemme

Compact Verlag

Liebe Leserin, lieber Leser!

Als Kind wollte ich unbedingt Astronaut werden, fremde Sterne und Planeten entdecken und mich auf eine Forschungsreise durch das All begeben. Ich wollte die Erde aus einem Raumschiff anschauen und beobachten, wie sie sich dreht, ob sie wirklich blau aussieht, und dabei allen dort unten eine lange Nase machen. Ich bin kein Astronaut geworden, aber die Faszination Weltall hat mich nie losgelassen und so war es eine tolle Sache für mich, ein Buch über dieses Thema zu schreiben.

Da ich also kein Astronaut bin und auch kein Astrophysiker, habe ich jemanden gefragt, der sich auskennt, wenn ich bei einigen Fragen nicht mehr so richtig weiterwusste. Deshalb möchte ich mich an dieser Stelle ganz herzlich bei Klaus Becker von der Volkssternwarte Ennepetal bedanken, der sich geduldig ein Loch von mir in den Bauch fragen ließ und auch das Manuskript durchgelesen hat.

Allen großen und kleinen Weltraumforschern, zukünftigen Raumfahrern, Astronauten und Entdeckern fremder Galaxien wünsche ich nun viel Spaß beim Flug durch die unendlichen Weiten. Vergesst nicht, euch anzuschnallen und mir eine Postkarte von euren Abenteuerraumflügen zu schicken, denn, wie ich ja schon geschrieben habe, bin ich leider kein Astronaut geworden.

Himmelsbeobachtung in der Volkssternwarte Ennepetal

Bisher sind in dieser Reihe erschienen: Das Meer, Rekorde aus dem Reich der Tiere, Unser Körper

© 2008 Compact Verlag München
Alle Rechte vorbehalten. Nachdruck, auch auszugsweise,
nur mit ausdrücklicher Genehmigung des Verlages gestattet.
Text: Kerstin Landwehr, unter Mitarbeit von Jürgen Brück, Sabine Fritz, Heike Huwald, Feryal Kanbay, Isabel Liebers, Hanna Verena Zemme
Chefredaktion: Dr. Angela Sendlinger
Redaktion: Maren Konrad
Produktion: Wolfram Friedrich
Abbildungen: **ESA:** S. 82 / **mauritius images:** S. 5, 8, 19 / **Oppenauer, Doris:** S. 66, 74 / **picture-alliance:** chromorange S. 63; dpa S. 11, 16—18, 22—23, 25—27, 30—34, 38, 40—41, 45—56, 59, 61—62, 65, 67—69, 71, 73, 76, 78—79, 83—87, 89—100, 104—107, 110; dpa/dpaweb S. 27, 35; Helga Lade Fotoagentur GmbH S. 36, 55, 57; KPA S. 60, 81; KPA/Galaxy S. 39; KPA/Hackenberg S. 6; KPA/HIP/Ann Ronan Picture Library S. 19, 44, 58; KPA/HIP/Oxford Science Archive S. 20; KPA/HIP/The British Library S. 8, 12—13, 17; KPA/Rößler, Friedemann S. 101; KPA/Uselmann, Manfred S. 37; Okapia KG S. 10, 34, 37, 68, 72, 75, 77, 80, 107; Sven Simon S. 87; united archives S. 15; Wissen Media Verlag S. 14, 103; ZB S. 7, 10, 21, 42—43, 53, 108—109, 111 / **Schlünder, Michael:** S. 2 / **www.fotolia.de:** Baloncici S. 4; Blume, Maik S. 22; cdrcom S. 28; DX S. 41; Eisenlohr, Martine S. 9; Finestone, Brian S. 18; godfer S. 54; Gremillot, Julien S. 69; Gütler, Susanne S. 29; IL PHOTO S. 25; Mühlbauer, Johanna S. 64; pacosalamander.com S. 69; Paladin, Paul S. 4; PAPAEUGE S. 6; Parato S. 28; photoinsel S. 29, ProfphotoXL S. 24; Torsten T S. 83; veroji S. 70 / **www.pixelio.de:** Keller, Andreas S. 43
Titelabbildungen: **ESA:** picture-alliance/KPA/TopFoto (U1 groß); picture-alliance/KPA/Galaxy (U1 o. Mitte); picture-alliance/dpa (U1 l. u. und r. u.); mauritius images/NASA (U1 r.o.)
Gestaltung: EKH Werbeagentur GbR
Umschlaggestaltung: Bettina Weisl

ISBN 978-3-8174-6551-4
5465511

Besuchen Sie uns im Internet: www.compactverlag.de

Inhalt

Sonderthemen

Was ist Astronomie?

Die wissenschaftliche Erforschung des Weltalls nennt man Astronomie oder auch Himmelskunde. Dazu gehört die Beschäftigung mit unserem Sonnensystem, mit der Milchstraße und allen anderen unbekannten und fernen Galaxien, die jenseits der Milchstraße liegen. Darüber hinaus versucht die Astronomie, Fragen zur Entstehung und zum Aufbau des Weltalls zu beantworten. Sie ist eine der ältesten Wissenschaften der Welt und für die Raumfahrt von großer Bedeutung, da sie die Grundlagen für die Reisen durch den Weltraum gelegt hat. Denn dank der Ergebnisse der Astronomie finden sich die Raumfahrer heute im All zurecht.

Die Geschichte der Astronomie begann mit der Beobachtung der Sterne.

Was ist der Unterschied zwischen Astrologie und Astronomie?

Du darfst die Astrologie nicht mit der Astronomie verwechseln. Die Astrologie beschäftigt sich mit der Deutung der Sterne und Planeten hinsichtlich ihres Einflusses auf das Leben der Menschen. Im Gegensatz zur Astronomie, die zu den Naturwissenschaften gehört, zählt die Astrologie nicht zu den Wissenschaften, denn ihre Aussagen sind nicht nachprüfbar. Die Astrologen erstellen Horoskope und versuchen anhand des Verlaufs der Sterne Ereignisse vorherzusagen. Früher waren Astronomie und Astrologie nicht so klar voneinander getrennt und viele der frühen Astronomen waren auch gleichzeitig Astrologen.

Die zwölf Tierkreiszeichen

Wann ist die Erde entstanden?

Wenn du dir die Entstehung der Erde und die lange, lange Zeit bis heute vorstellst, ist das ganz schön schwierig. Allein die Zahl 4.600.000.000 (4,6 Milliarden) — vor so vielen Jahren entstand die Erde nämlich — ist schon fast unvorstellbar groß. Deshalb machen wir das einmal etwas einfacher. Stell dir vor, für jedes Jahr, das die Erde existiert, rechnen wir nur eine einzige Sekunde. So werden die Zahlen viel kleiner und es passiert etwas Erstaunliches: Wir merken, welch unglaublich kurze Zeit wir Menschen erst auf der Erde sind. Nach unserem Rechenspiel ist die Erde dann etwa 114 Jahre alt. Vor 90 Jahren entstanden erste Lebensformen wie Pilze und Algen. Vor ungefähr 18 Jahren existierten dann Schwämme, Quallen und Würmer. Die ersten Wirbeltiere gab es vor elf Jahren. Vor sechs Jahren entwickelten sich die Dinosaurier und Vögel und vor einem Jahr die Affen. Erst vor zwei Wochen entwickelten sich die ersten Vormenschen und vor 16 Stunden kam der Homo

Geschichte und Forschung

sapiens, also der heutige Mensch, auf die Erde. Vor etwa drei Stunden ging die letzte Eiszeit zu Ende und vor 33 Minuten wurde Jesus geboren. Ach ja, Amerika ist vor acht Minuten von Kolumbus entdeckt worden. Vor 63 Sekunden war der Zweite Weltkrieg zu Ende. Und, wann bist du geboren?

Seit wann beobachten Menschen den Himmel?

Bereits die ersten Sterngucker versuchten sich zu erklären, was sich am Himmel abspielt. Vor allem der Nachthimmel erschien ihnen als ein magischer Raum. Schon vor Tausenden von Jahren beobachteten sie den Himmel, versuchten Figuren zu erkennen, entdeckten fünf Planeten und nutzten die Bewegung von Sonne und Mond, um die Zeit zu bestimmen. In Europa, Asien und Afrika entstanden Mythen über den Himmel und die Götter, die dort wohnen sollten. Vieles, was die Menschen am Himmel sahen, gab ihnen Rätsel auf und sie fürchteten sich vor dem, was sie nicht verstehen konnten.

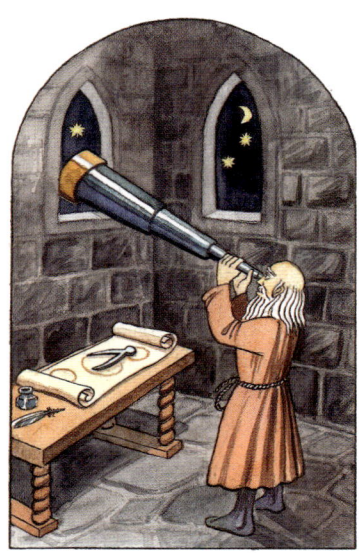

Die frühen Astronomen deuteten die Himmelserscheinungen als himmlische Vorzeichen.

Woher kamen die ersten Astronomen?

Wir vermuten heute, dass die ersten astronomischen Beobachtungen in Asien gemacht wurden.

Aufzeichnungen aus dem Nahen und dem Fernen Osten überliefern uns das. Es existieren chinesische Schriften über eine Sonnenfinsternis, die schon 3000 Jahre vor Christus stattfand. Fast ebenso frühe Berichte gibt es von den indischen und babylonischen Völkern. Und auch die Maya aus Mittelamerika beobachteten vermutlich bereits 4000 Jahre vor Christus regelmäßig den Himmel.

Wusstest du schon ...?

Chinesische Astronomen beobachteten schon früh Kometen sowie Sonnen- und Mondfinsternisse. Wenn die Sonne bei einem dieser Ereignisse ganz dunkel wurde, bekamen die Menschen Angst. Sie glaubten, ein Drache würde versuchen, die Sonne zu fressen. Sie schlugen Trommeln und schossen Pfeile gegen die Sonne, um den Drachen zu vertreiben.

Was ist der Dresdner Kodex?

Der Dresdner Kodex ist eine sehr alte und von den Maya stammende Schrift, die sich in der Sächsischen Landes- und Universitätsbibliothek in Dresden befindet. Der Umlauf der Venus, Berechnungen ihrer einzelnen Phasen, Vorhersagen über Sonnen- und Mondfinsternisse und verschiedene Rituale wurden dort aufgeschrieben. Ein Kapitel handelt außerdem von der Mondgöttin und ihrer Wirkung auf Krankheiten. Auch der Regengott Chaac wird häufig erwähnt. Anhand der verschiedenen Schreib- und Malstile kann man erkennen, dass mindestens fünf unterschiedliche Schreiber an den Schriften gearbeitet haben.

Wie wurde früher der Himmel beobachtet?

Die Astronomen begannen allmählich das, was sie am Himmel sahen, genauer zu betrachten. Sie zeichneten die Bewegungen der Planeten auf und erstellten Kalender. Sie legten Listen der Sterne an und suchten nach Erklärungen für Himmelserscheinungen. Zu diesen Zwecken wurden zahlreiche Bauten errichtet. Eines dieser Bauwerke ist ein Observatorium namens El Caracol, das sich wie die Pyramide des Kukulcán auf Yucatán in Mexiko befindet. Es entstand vor rund 1000 Jahren. Durch die schmalen Fensteröffnungen konnte man zu einer bestimmten Zeit den Planeten Venus sehen und dadurch das aktuelle Datum bestimmen.

Was ist die Pyramide des Kukulcán?

Die Pyramide des Kukulcán, die auch El Castillo genannt wird, ist eine Maya-Pyramide auf der Halbinsel Yucatán in Mexiko. Zweimal im Jahr malt die untergehende Sonne ein gezacktes Band auf die Treppe der Pyramide. Dieses „Schauspiel der gefiederten Schlange" kann jedes Jahr am 21. März zum Frühlingsanfang und zwischen dem 21. und 23. September zum Herbstanfang beobachtet werden. Die Pyramide hat vier Treppen mit je 91 Stufen und eine Stufe an der Spitze der Pyramide. Insgesamt sind es 365 Stufen, genauso

El Castillo ist spanisch und heißt „die Burg".

viele Stufen also, wie das Jahr Tage zählt. Daher nimmt man an, dass die Pyramide unter anderem die Funktion eines Kalenders besaß.

Wo befindet sich Stonehenge?

Die riesigen Steinblöcke von Stonehenge stehen in Südengland. Bis heute ist noch nicht eindeutig geklärt, welche Funktion sie besaßen und wer sie aufgestellt hat. Man vermutet aber, dass sie mög-

Die Anlage von Stonehenge

licherweise eine Art Observatorium waren. Die Steinblöcke wurden vor über 4000 Jahren zu einem Kreis angeordnet. Wahrscheinlich dienten sie zur Festlegung bestimmter Tage nach dem Stand der Sonne und anderer Sterne. Auf welche Weise die riesigen Steine allerdings zu dem Ort transportiert wurden und wie man sie dort aufstellte, ist ebenfalls bis heute ein ungelöstes Rätsel.

Wo wurde die Himmelsscheibe von Nebra gefunden?

Diese außergewöhnliche Scheibe wurde in Sachsen-Anhalt in der Nähe der Stadt Nebra

Geschichte und Forschung

auf dem Mittelberg gefunden. Die Scheibe hat eine abenteuerliche Reise hinter sich, denn sie wurde 1999 ausgegraben und dann von ihren Findern illegal weiterverkauft, bis sie schließlich im Jahr 2002 von der Polizei sichergestellt werden konnte. Die Himmelsscheibe ist einer der bedeutendsten Funde aus der Bronzezeit. Die Wissenschaftler datieren ihre Entstehung auf ungefähr 1600 Jahre vor Christus.

Wie sieht die Himmelsscheibe von Nebra aus?

Trotz ihres hohen Alters von ungefähr 3600 Jahren ist die Himmelsscheibe von Nebra sehr schön anzusehen. Sie hat einen Durchmesser von ungefähr 32 Zentimetern, ist aus Bronze gefertigt und aufgrund ihrer langen Lagerung in der Erde grün gefärbt. Auf der Scheibe sind die Sonne, der Mond und viele kleine goldene Kreise abgebildet, die Sterne darstellen. Die Himmelsscheibe ist der einzige Fund aus dieser frühen Zeit um 1600 vor Christus, der die intensive Beschäftigung der Menschen aus der Bronzezeit mit den Himmelskörpern belegt.

Obwohl die Himmelsscheibe so alt ist, ist sie sehr gut erhalten.

Ist die Himmelsscheibe wirklich echt?

Ja, die Scheibe ist echt. Allerdings musste sie zahlreiche Untersuchungen über sich ergehen lassen, bevor man ihre Echtheit eindeutig beweisen konnte. Mittlerweile wurde sie aufwendig restauriert und niemand zweifelt mehr daran, dass sie wirklich über 3600 Jahre alt ist. Die Wissenschaftler glauben sogar, dass die Himmelsscheibe einen ähnlichen historischen Stellenwert hat wie die Pyramiden in Ägypten oder die Steinblöcke von Stonehenge. Aus diesen Gründen überlegt man inzwischen, die Himmelscheibe ins UNESCO-Weltkulturerbe aufzunehmen. Besichtigen kannst du das wertvolle Stück in der Ausstellung des Landesmuseums für Vorgeschichte in Halle an der Saale.

Wann gab es die ersten Kalender?

Den frühesten Kalender der Menschheit erstellten die Ägypter 2270 vor Christus. Als Grundlage diente ihnen der Auf- und Untergang bestimmter Sterne während des Jahreslaufs. Als Fixpunkt für ihren Kalender nutzten sie dabei den hellen Stern Sirius, aus dem Sternbild Großer Hund. Das erste Auftauchen von Sirius in der Morgendämmerung nach seiner Unsichtbarkeitsperiode bestimmten die alten Ägypter als Jahresanfang. Auch die Babylonier, die vor 4000 Jahren in Vorderasien lebten, besaßen schon einen Kalender. Von den Azteken, die vor rund 500 Jahren in Mittelamerika heimisch waren, ist ebenfalls ein Kalender erhalten. Es ist ein großer Stein, auf dem in Kreisform die Tage und Monate eingraviert sind. Im Mittelpunkt des Kreises befindet sich eine Abbildung des Sonnengottes.

Der aztekische Kalenderstein „Piedra de Sol" steht im Nationalmuseum in Mexiko.

Im ptolemäischen Weltbild bildet die Erde den Mittelpunkt des Universums.

Wie stellten sich die Menschen das Universum vor?

Die Erforschung des Weltraums hat die Menschen seit jeher beschäftigt. Mit ihren geringen wissenschaftlichen Möglichkeiten konnten die Menschen früher nur den Himmel mit der Sonne, dem Mond und den Sternen über sich sehen. Die Griechen in der Antike dachten deshalb zuerst, dass die Erde eine Scheibe sei, die auf dem Wasser des Ozeans schwimmt. Der Himmel war in ihrer Vorstellung eine Eisenkugel, an der die Sterne mit Nägeln angebracht sind. Schon in römischer Zeit wandelte sich diese Vorstellung. Der Gelehrte Claudius Ptolemäus glaubte herausgefunden zu haben, dass die Erde die Mitte eines Kreises sei, um den sich der Mond, die Sonne, die Sterne und die Planeten drehen. Und genau diese Vorstellung vom Weltall, mit der Erde im Zentrum, herrschte dann für über 1500 Jahre und wird als „ptolemäisches Weltbild" bezeichnet.

Geschichte und Forschung

Was wussten die alten Babylonier?

Die Babylonier besaßen ein erstaunliches Wissen, denn sie teilten schon damals das Jahr in zwölf Monate zu je 30 Tagen ein. Dabei richteten sich die Dauer eines Jahres nach der Sonne und die Dauer eines Monats nach dem Lauf des Mondes. Jeder Monat begann mit dem zunehmenden Mond. Wenn es zu große Unterschiede zwischen Mond- und Sonnenjahren gab — das Mondjahr ist zehn bis zwölf Tage kürzer als das Sonnenjahr — schoben sie zum Ausgleich einfach Schalttage ein. Den Monaten gaben die Babylonier folgende Namen: Nisanu, Ajaru, Simanu, Du'uzu, Abu, Ululu, Taschritu, Arahsamna, Kislimu, Tebetu, Schabatu und Adaru. Auch der Tierkreis wurde von den Babyloniern in die zwölf Sternbilder eingeteilt, die wir noch heute kennen.

Wie funktioniert eigentlich eine Sonnenuhr?

Die alten Babylonier wussten schon vor über 3000 Jahren, wie sie sich das Licht eines besonderen Sterns zunutze machen konnten, um die Zeit zu bestimmen. Sie kannten nämlich bereits die Funktionsweise einer Sonnenuhr. Ein Stab wird in die Erde gesteckt und wirft dann einen Schatten. Das funktioniert natürlich nur, wenn die Sonne auch scheint. Im Laufe des Tages wandert der Schatten mit der Sonne.

Sonnenuhren können verschiedene Formen haben und sind oft sehr hübsch gestaltet.

Sein Stand ist also abhängig davon, wo die Sonne gerade steht. Rund um den Stab kann man ein Zifferblatt anlegen und dann die Stunden ablesen, bis die Sonne untergeht.

Wie sahen die alten Ägypter die Welt?

Die alten Ägypter glaubten, dass der Himmel, den sie über sich sahen, die Himmelsgöttin Nut sei, die ihren Körper über die Erde wölbt. Auf Darstellungen der Göttin wurde ihr sternenübersäter Körper auch häufig als das Band der Milchstraße am Himmel gezeigt. Schu, der Gott des Lichtes und der Luft, stützte Nut. Darunter lag Nuts Gemahl Geb, der Erdgott.

Wer glaubte, dass der Himmel eine Göttin sei?

Die alten Ägypter glaubten, dass das funkelnde Band der Milchstraße am Nachthimmel der gebogene Körper der Göttin Nut sei. Die Ägypter hielten ihre Göttin Nut für die Mutter der Gestirne, also aller Himmelskörper. Ihre Arme und Beine, die in der Vorstellung der Ägypter den Boden berührten, sollten die vier Himmelsrichtungen Norden, Osten, Süden und Westen darstellen.

Was fand am 15. Februar 3379 vor Christus statt?

Bei einer Mondfinsternis liegt der Mond im Schatten der Erde.

Die Auslegung einer alten Maya-Handschrift deutet darauf hin, dass am 15. Februar 3379 vor Christus eine totale Mondfinsternis stattfand. Die mittelamerikanischen Maya sollen sie in ihrem Kalender vermerkt haben. Diese Aufzeichnungen wären dann die erste Überlieferung einer Mondfinsternis. Diese Annahme ist allerdings umstritten, da die Wissenschaftler davon ausgehen, dass die Maya erst um 3373 vor Christus begannen, einen Kalender zu führen. Die Behauptung, dass ein früherer Kalender existierte, konnte bisher nicht bewiesen werden.

Wie sahen die alten Griechen die Welt?

Die alten Griechen bauten ihr astronomisches Wissen auf den Kenntnissen der Babylonier auf. Um 200 vor Christus errechnete der griechische Astronom Eratosthenes die Größe der Erde. Die Griechen gaben ihr Wissen an die Arabisch sprechenden Völker weiter und diese brachten die Astronomie im Mittelalter auch nach Europa. Lange Zeit glaub-

ten die Menschen, die Erde sei flach wie eine Scheibe und im Himmel würden die Götter wohnen. Die alten Griechen erkannten jedoch schon früh, dass die Erde rund ist. Bereits die Gelehrten Pythagoras (ca. 570—500 v. Chr.) und Aristoteles (384—322 v. Chr.) vertraten diese Meinung.

Wieso gab es Zweifel, dass die Erde eine Scheibe ist?

Obwohl die Menschen jahrtausendelang glaubten, dass die Erde eine flache Scheibe sei, gab es auch immer schon Zweifel daran. Denn einige Menschen bemerkten, dass die Sterne, die man gerade noch über dem südlichen Horizont sehen konnte, verschwanden, sobald man in Richtung Norden reiste. Dafür tauchten im Norden neue Sterne auf. Wäre die Erde eine Scheibe, so hätte man aber immer die gleichen Sterne über dem Horizont sehen müssen. Auch viele Seefahrer glaubten nicht an die Vorstellung von der Erde als flache Scheibe. Schließlich war ihnen kein Schiff bekannt, das über den Rand dieser Scheibe hinausgefahren und von ihr hinuntergefallen wäre. Es waren auch die Seefahrer, die annahmen, dass die Oberfläche des Wassers gekrümmt sei. Denn jedes Mal, wenn sich ein Schiff einer Insel näherte, tauchte zuerst der höchste Punkt dieser Insel aus dem Wasser auf. Und erst nach und nach wurde der untere Teil sichtbar.

Was ist der Almagest?

Der Almagest ist eine 13-teilige Reihe von Schriften, die vom bekannten griechischen Astronomen

Geschichte und Forschung

Ptolemäus (ca. 100—175) verfasst wurden. In diesen Büchern beschreibt Ptolemäus die Welt und den Weltraum, wie die alten Griechen sie lange Zeit sahen. Über 1500 Jahre war der Almagest ein Vorbild für alle nachfolgenden Astronomiebücher.

Was war am 15. Juni 763 vor Christus?

Auch die Ägypter und Mesopotamier betrachteten den Himmel genau und beobachteten so am 15. Juni 763 vor Christus die erste sicher datierbare Sonnenfinsternis in Mesopotamien. Mesopotamien bedeutet übrigens „das Land zwischen den zwei Flüssen". Und diese beiden Flüsse sind Euphrat und Tigris in Vorderasien.

Bei einer Sonnenfinsternis wird die Sonne durch den Mond verdeckt.

Welche Himmelserscheinungen beobachtete man im Mittelalter?

Im Mittelalter wurden zwei besondere Beobachtungen gemacht, die uns überliefert sind. Im Jahr 1054 gab es für kurze Zeit plötzlich einen neuen Stern im Sternbild Stier. Eine gigantische Sternenexplosion hatte stattgefunden und am Himmel war eine Supernova zu sehen. Als Supernova bezeichnet man das Ende eines Sterns durch eine riesige Explosion, die mit einem extrem intensiven Leuchten einhergeht. Am 25. Juni 1178 hingegen konnte ein Mönch vom englischen Canterbury aus beobachten, wie ein Meteorit auf dem Mond einschlug. Zumindest vermutet man heute, dass das Leuchten, das der Mönch in seinen Aufzeichnungen beschrieb, ein Meteoriteneinschlag war.

Wer entdeckte, dass die Erde sich dreht?

Nikolaus Kopernikus (1473—1543), der in Krakau geboren wurde, studierte Medizin und Jura, interessierte sich aber auch sehr für die Astronomie. Zu seiner Zeit glaubte man, dass die Erde der Mittelpunkt des Alls sei und dass sich alle Planeten und die Sonne um sie drehten.

Nikolaus Kopernikus war einer der bedeutendsten Astronomen.

Durch seine Himmelsbeobachtungen stellte Kopernikus aber fest, dass sich die Erde erstens um sich selbst und zweitens um die Sonne dreht. Er wagte aber nicht, seine Theorie zu veröffentlichen, weil er glaubte, man würde ihn für verrückt erklären. Erst als er bereits 70 Jahre alt war, veröffentlichte er endlich seine Erkenntnisse.

Wie kannst du beweisen, dass sich die Erde dreht?

Wenn du mitten in der Nacht zu deinem Fotoapparat greifst und ihn auf ein Stativ stellst, damit er völlig ruhig steht und das Bild nicht verwackelt, kannst du beweisen, dass sich die Erde dreht. Wähle eine Belichtungszeit von etwa einer Stunde und richte deinen Apparat an einem dunklen Ort außerhalb der Stadt auf den Sternenhimmel. Wenn du dir anschließend das fertige Foto ansiehst, hast du nicht nur die Sternenpunkte auf dem Bild, sondern gebogene Linien.

Wann stellte man fest, dass die Erde rund ist?

Die Menschen früher Kulturen waren davon überzeugt, dass unsere Erde eine Scheibe ist. Sie dachten dies, weil sie die Kugelform des Planeten nicht mit den eigenen Augen erkennen konnten. Auch die Ägypter gingen von einer scheibenförmigen Erde aus. Ihrer Meinung nach bestand sie aus drei Etagen: Im unteren Stockwerk lagen die Toten, das mittlere Stockwerk bevölkerten die Menschen und oben hatten die Götter ihr Zuhause. Aber bereits die alten Griechen hatten erste Zweifel an diesem Weltbild. So war der Gelehrte Aristoteles (384–322 v. Chr.) bereits vor mehr als 2000 Jahren davon überzeugt, die Erde sei eine Kugel. Er hatte nämlich beobachtet, dass man von Schiffen, die in den Hafen einfahren, zunächst nur die Mastspitze sehen konnte. Erst wenn sich das Schiff näherte, konnte man mehr von ihm erkennen. Wie hätte man sich eine solche Beobachtung auf einer scheibenförmigen Erde erklären sollen?

Wie bewies Magellan die Kugelform der Erde?

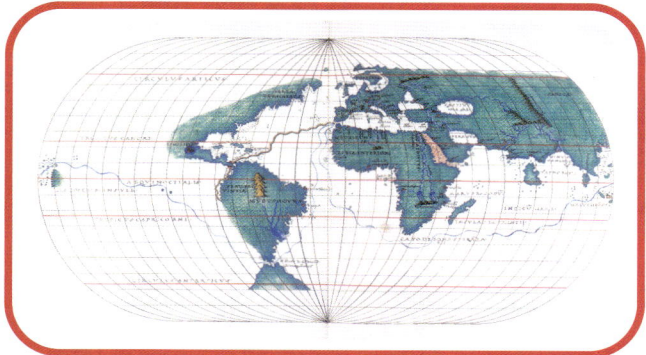

Die Karte zeigt die Route Magellans.

Den endgültigen Beweis für die Kugelform der Erde konnte erst der portugiesische Seefahrer Ferdinand Magellan (1480–1521) im 16. Jahrhundert erbringen. Magellan gelang nämlich die erste Weltumsegelung. Wäre die Erde eine Scheibe, hätte das Vorhaben nicht funktionieren können. Dann wäre Magellan mit seinem Schiff vom Rande der Scheibe gepurzelt und keinesfalls wieder wohlbehalten zu Hause angekommen.

Wann entdeckte man, dass die Sonne der Mittelpunkt ist?

Für lange Zeit herrschte die Vorstellung, dass die Erde der Mittelpunkt des Weltraums sei. Man nahm an, dass sich die Sonne, die Planeten und die Sterne um die Erde drehten. Zu Beginn des 16. Jahrhunderts entdeckte der Astronom Nikolaus Kopernikus (1473–1543), dass sich die Erde um sich selbst dreht. Seine zweite wichtige Entdeckung war, dass sich die Erde um die Sonne dreht. Die Astronomen Galileo Galilei (1564–1642) und

Geschichte und Forschung

Johannes Kepler (1571—1630) unterstützten die Gedanken von Nikolaus Kopernikus durch ihre Forschungen. Allerdings beschrieb Aristarch von Samos (320—250 v. Chr.) bereits um das Jahr 265 vor Christus das heliozentrische Weltbild, in dem sich die Erde und die anderen Planeten um die Sonne bewegen. Leider waren seine Schriften dazu verloren gegangen.

Was ist das heliozentrische Weltbild?

Das heliozentrische Weltbild besagt, dass die Sonne der Mittelpunkt ist, um den sich die Erde, die anderen Planeten und die Sterne drehen. Der Begriff „heliozentrisch" stammt vom Wort „Helios", das aus dem Griechischen kommt und „Sonne" bedeutet. Erst Nikolaus Kopernikus (1473—1543) widerlegte das ptolemäische Weltbild im 16. Jahrhundert und stellte in seiner Theorie die Sonne in den Mittelpunkt des Systems. Man nennt dieses Weltbild daher auch das kopernikanische Weltbild.

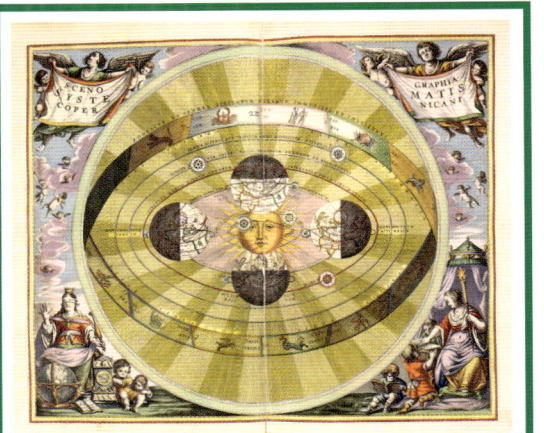

Das heliozentrische Weltbild

Was ist das geozentrische Weltbild?

Das geozentrische Weltbild wird auch ptolemäisches Weltbild genannt, weil es auf den Gelehrten Ptolemäus (ca. 100—175) zurückgeht. Es bedeutet eine frühe Vorstellung von der Welt, in der die Erde als Mittelpunkt des Universums betrachtet wurde. Dieses Weltbild war Tausende von Jahren gültig, denn jeder, der zum Himmel schaute, glaubte zu sehen, dass sich die Himmelskörper um die Erde bewegten. „Im Osten geht die Sonne auf, im Süden nimmt sie ihren Lauf, im Westen wird sie untergehen, im Norden ist sie nie zu sehen." Vielleicht hast du diesen traditionellen Vers schon einmal gehört. Die Menschen sahen damals nicht, dass es die Erde war, die sich drehte, sondern nahmen an, die Sonne drehe sich um die Erde.

Warum war es so schwer, neue Erkenntnisse durchzusetzen?

Die Astronomen hatten damals, als das geozentrische Weltbild allgemein anerkannt war, große Probleme, ihre neuen Erkenntnisse durchzusetzen. Die Kirche hatte etwas gegen das neue Weltbild, in dem die Sonne das Zentrum war. Zu dieser Zeit lehrte die Kirche nämlich, dass der Mensch und die Erde der Mittelpunkt der Schöpfung seien. Die Kirche fürchtete nun, dass der Glauben der Menschen durch das neue Weltbild schwer erschüttert würde und sie selbst ihren Einfluss einbüßte. Daher wurden die Bücher von Nikolaus Kopernikus (1473—1543) und Johannes Kepler (1571—1630) verboten. Zudem hatten die Astronomen mit großen Anfeindungen zu kämpfen. Wurde Kopernikus noch für einen Wirrkopf gehalten, so griff man Kepler schon direkter an. Galileo Galilei (1564—1642) wurde sogar zu lebenslanger Haft verurteilt und lebte von 1633 bis zu seinem Tod unter Hausarrest.

Sternbilder

Sternbilder sind Gruppen von Sternen, mit deren Hilfe sich die Menschen schon sehr früh am Nachthimmel orientierten. Die alten Seefahrer konnten die Uhrzeit und ihren ungefähren Standort nur durch die Beobachtung des Himmels bestimmen. Um sich besser über diese Sternengruppen verständigen zu können, gab man ihnen Namen.

Ptolemäus mit Urania, der Muse der Astronomie, bei der Himmelskunde

Ptolemäus und die Sterne

Der alte Grieche Ptolemäus (ca. 100—175) wusste bereits eine Menge über die Sterne. Er unterschied zwischen 48 Sternbildern. Diese Sternbilder sind auch heute noch in unseren modernen Sternkarten enthalten. Seither wurden natürlich weitere Sternbilder hinzugefügt, sodass es heute insgesamt 88 verschiedene Sternbilder gibt.

Die Sternbilder und unsere Sternzeichen

Die bekanntesten zwölf Sternbilder sind sicherlich die, die auch für unsere Sternzeichen Pate gestanden haben: Steinbock, Wassermann, Fische, Widder, Stier, Zwillinge, Krebs, Löwe, Jungfrau, Waage, Skorpion und Schütze sind die Sternzeichen, unter denen wir Menschen in den zwölf Monaten des Jahres geboren werden. Jedem dieser Sternzeichen werden von den Astrologen, das sind Menschen, die sich mit der Auswirkung der Sterne auf unser Leben beschäftigen, besondere Eigenschaften zugesprochen.

So sollen Steinböcke sehr ehrgeizig sein, Wassermänner temperamentvoll, Fische sehr gefühlvoll, Widder recht tollkühn, Stiere zäh und ausdauernd, Zwillinge besonders lebenslustig, Krebse ziemlich empfindsam, Löwen sehr hilfsbereit, Jungfrauen recht genau, Waagen friedliebend, Skorpione sehr willensstark und Schützen ehrlich und gerecht. Ob man diesen Merkmalen, die mit dem jeweiligen Sternzeichen verbunden werden, Glauben schenkt oder nicht, muss wohl jeder für sich selbst entscheiden. Nachweisen kann man die Zuordnung verschiedener Eigenschaften zu ganz bestimmten Sternzeichen jedenfalls nicht.

Besondere Sternbilder

Das größte Sternbild, das uns bekannt ist, ist die Wasserschlange. Zu ihr gehören insgesamt 68 Sterne, die mit dem bloßen Auge zu erkennen sind. Zum Großen Hund gehören wiederum viele sehr helle Sterne. Darunter ist auch Sirius, der hellste Stern des Himmels. Allerdings sind die Wasserschlange und der Große Hund Sternbilder des südlichen Sternhimmels und daher von Europa aus leider nicht zu beobachten.

Der Drache ist eines der ältesten Sternbilder, aber er besteht leider nur aus sehr schwach leuchtenden Sternen. Kassiopeia hingegen ist ein sehr auffälliges Sternbild, es sieht aus wie ein an den Himmel geschriebenes riesiges W. Der Walfisch schwimmt über den Nachthimmel und ist das viertgrößte Sternbild. Dabei leistet ihm der Schwan, ein sehr schönes Sternbild, das auch „Kreuz des Nordens" genannt wird, Gesellschaft.

Sternbilder und ihre Bedeutung

Es gibt Länder, die Sternbilder in ihren Nationalflaggen verewigt haben. Die australische und die neuseeländische Flagge werden vom Kreuz des Südens geschmückt. Das ist das kleinste Sternbild am Himmel. Wenn du die Sternbilder beobachten möchtest, dann kannst du das auf der nördlichen Erdhalbkugel am besten zur Winterzeit.

Aber nicht allein für deine Beobachtungen sind die Sternbilder wunderbar, sie sind auch für einige Zugvögel ungeheuer wichtig. Die Vögel haben zwar keine Sternkarte bei sich, doch durch die Sterne können sie sich auf ihren langen Flügen, zwischen dem Winterquartier in Afrika und dem Sommeraufenthalt bei uns, orientieren.

Mithilfe der Sterne haben die alten Araber vor über tausend Jahren sogar die Sehkraft der Menschen geprüft. Einer der Sterne des Sternbildes Großer Wagen hat einen kleinen Begleitstern und wer diesen mit dem bloßen Auge erkennen konnte, der hatte sehr scharfe Augen.

Unser Sternenhimmel

Alle Sternbilder, die du an unserem nächtlichen Sternenhimmel, dem Nordsternhimmel, entdecken kannst, siehst du auf dem runden Bild oben. Mithilfe der Zahlen kannst du sie leicht zuordnen:
1 Fische, 2 Widder, 3 Walfisch, 4 Stier, 5 Andromeda, 6 Dreieck, 7 Kassiopeia, 8 Perseus, 9 Orion, 10 Polarstern, 11 Giraffe, 12 Fuhrmann, 13 Kleiner Bär/Kleiner Wagen, 14 Zwillinge, 15 Großer Bär/Großer Wagen, 16 Luchs, 17 Krebs, 18 Löwe, 19 Haupthaar der Berenike, 20 Bärenhüter, 21 Nördliche Krone, 22 Schlangenträger, 23 Herkules, 24 Drache, 25 Leier, 26 Adler, 27 Schwan, 28 Delfin, 29 Wassermann, 30 Pegasus

Die australische Flagge und die neuseeländische Flagge mit dem Kreuz des Südens

Wann wurde das heliozentrische Weltbild anerkannt?

Erst 1757 erkannte die Kirche an, dass sich alle Planeten, und somit auch die Erde, um die Sonne drehen und dass die Astronomen recht gehabt hatten. Von nun an kam die Astronomie richtig in Mode. Viele europäische Fürsten holten Astronomen an ihre Höfe oder unterstützten deren Forschungen mit beträchtlichen Geldsummen. Zugleich wurden die ersten Nationalobservatorien errichtet. Dies waren Sternwarten, die ganz auf Kosten des Staates arbeiteten. So gründete zum Beispiel das britische Königshaus das Royal Greenwich Observatory und in Frankreich wurde die Pariser Sternwarte eingerichtet.

Wer war Aristoteles?

Aristoteles (384—322 v. Chr.) war ein griechischer Philosoph, der sich die Erde als Mittelpunkt dachte, um den alle anderen Himmelskörper kreisen. Er teilte das Universum in verschiedene Schalen ein, in denen die Sonne, die Planeten und Sterne ihre Bahnen ziehen. Diese Scha-

Aristoteles war ein sogenannter Universalgelehrter.

len stellte er sich als unsichtbar vor und die Himmelskörper als fest an ihnen angebracht. Nach der Meinung von Aristoteles bestand alles aus den Elementen Feuer, Erde, Wasser und Luft.

Was dachte Eudoxos von Knidos?

Eudoxos von Knidos (408—355 v. Chr.) war ein griechischer Mathematiker und Astronom. Er war der Ansicht, dass die Planeten auf unterschiedlichen Kugelschalen kreisen, und versuchte, die Himmelskörper mithilfe von Vermessungen und Berechnungen in eine Ordnung zu bringen. Dabei entstanden seine viel beachteten Sternkarten. Später gründete er eine eigene Schule in Athen.

Was wusste Kopernikus?

Nikolaus Kopernikus (1473—1543) war Mathematiker und Astronom. Er war der Begründer des heliozentrischen Weltbilds. Seine Theorie von der beweglichen Erde und den um die Sonne kreisenden Planeten wurde von Galileo Galilei (1564—1642) und Johannes Kepler (1571—1630) später weiterentwickelt. Erst 1992/1993 wurde er zusammen mit Galileo Galilei von der katholischen Kirche rehabilitiert, das heißt, die Kirche erkannte öffentlich an, dass die beiden Forscher recht gehabt hatten.

Warum kam Galileo Galilei ins Gefängnis?

Galileo Galilei (1564—1642) war ein italienischer Naturwissenschaftler, Mathematiker und Philosoph. Er wird auch als Vater der modernen Astronomie

Geschichte und Forschung

Die Kirche erkannte Galileis Lehren lange nicht an.

und der klassischen Physik bezeichnet. Seine Forschungen hatten sehr große Bedeutung für die Einführung eines neuen Weltbildes, allerdings wurde die von ihm vertretene Theorie eines Planetensystems mit der Sonne als Zentrum von der katholischen Kirche lange nicht anerkannt. Er wurde sogar vor ein kirchliches Gericht gebracht, das ihn zwang, seine angeblich falschen Lehren zu widerrufen. Galilei kam ins Gefängnis und wurde später verbannt. Erst 1992 unter Papst Johannes Paul II. gestand die katholische Kirche ihren Fehler öffentlich ein.

Wer war Tycho Brahe?

Tycho Brahe (1546—1601) war ein dänischer Astronom. Er beobachtete die Planeten noch ohne Fernrohr, arbeitete aber schon mit Winkelmessinstrumenten. Brahe glaubte einerseits, dass Sonne und Mond um die Erde kreisen, vertrat jedoch andererseits die Meinung, dass sich die anderen Planeten um die Sonne bewegen. Tycho Brahe entdeckte im Jahr 1572

Eine Abbildung von Tycho Brahe auf einem Buchdeckel

einen neuen Stern im Sternbild Kassiopeia. Wie sich später herausstellte, handelte es sich hierbei um eine Supernova, also um eine hell leuchtende Explosion am Lebensende eines Sterns. Durch diese Entdeckung wurde er damals in ganz Europa bekannt.

Woran forschte Johannes Kepler?

Johannes Kepler (1571—1630) war ein deutscher Mathematiker und Astronom, der die Gesetze der Planetenbewegung entdeckte. Sie wurden nach ihm benannt und heißen keplersche Gesetze. Er entdeckte auch, dass die Planeten sich nicht auf Kreisbahnen bewegen, sondern eiförmig (elliptisch). Außerdem unterstützte er Galileo Galilei bei seinen Forschungen und half, dessen Entdeckungen zu beweisen.

Wer war Pierre Simon Marquis de Laplace?

Pierre Simon Marquis de Laplace (1749—1827) war ein französischer Mathematiker und Astronom. Er war einer der wichtigsten Mathematiker des 18. Jahrhunderts und forschte auf Newtons Spuren. In seinem Hauptwerk „Himmelsmechanik" fasste er Newtons Lehren und die von ihm beeinflussten Erkenntnisse zusammen und entwickelte diese weiter. Mithilfe der newtonschen Bewegungsgesetze bewies er, dass die Planeten sich in unserem Sonnensystem konstant bewegen.

Wie fanden die Seefahrer früher ihren Weg?

Die Seefahrer besaßen früher noch keine Satellitennavigationsgeräte und mussten trotzdem ihren Weg finden. Auf dem offenen Meer ist es nicht möglich, sich an Landmerkmalen zu orientieren, und so entwickelten sie Geräte, mit denen sie auch

Die Hauptbestandteile eines Sextanten sind ein Zeigerarm, zwei Spiegel und ein kleines Fernrohr.

ohne die Sicht auf Festland ihre Position bestimmen konnten. Zu diesen Geräten gehörten früher das scheibenförmige Astrolabium und der Gradstock. Beides sind Winkelmessgeräte, die vor der Erfindung des Sextanten verwendet wurden. Der Sextant ist ebenfalls ein Gerät, um Winkel zu bestimmen und besonders für die Navigation geeignet. Hölzerne Vorläufer des Sextanten gab es bereits im 18. Jahrhundert. Auf See wurde der Sextant erst durch die Einführung der Satellitennavigation (GPS) abgelöst.

Wer zeichnete die erste Weltkarte?

Schon vor langer Zeit entwarfen Menschen die ersten Weltkarten. Dazu mussten sie eine Vorstellung vom Aussehen der Landschaften und Gebiete haben und eine Perspektive einnehmen, als ob sie von oben oder vom Weltall auf die Erde schauten. Allerdings kannten die Menschen damals viele Kontinente noch nicht, denn Amerika war beispielsweise noch gar nicht entdeckt. Daher konnte man auf diesen frühen Karten nur einen Teil der Erde erkennen. Erst als im 16. Jahrhundert die Seefahrer um die ganze Welt segelten und bewiesen, dass die Erde rund ist und niemand von ihr herunterfällt, wurden auch die Karten genauer. Eine der besten Karten zeichnete Gerhard Mercator (1512—1594), der sowohl Mathematiker als auch Geograf und Kartograf war.

Was sind Längen- und Breitengrade?

Wenn du dir die Erde als Kugel vorstellst, laufen von Norden nach Süden die Längengrade und von Osten nach Westen die Breitengrade. Dieses Gradnetz aus Längen- und Breitengraden ist ein künstlich geschaffenes System, also nur ein gedachtes Netz, und dient zur geografischen Ortsbestimmung. Besonders in der Schiff- und Luftfahrt sind genaue Positionsangaben von größter Bedeutung. Die Position der Schiffe oder Flugzeuge ist dann dort, wo sich die entsprechenden Längen- und Breitengrade kreuzen.

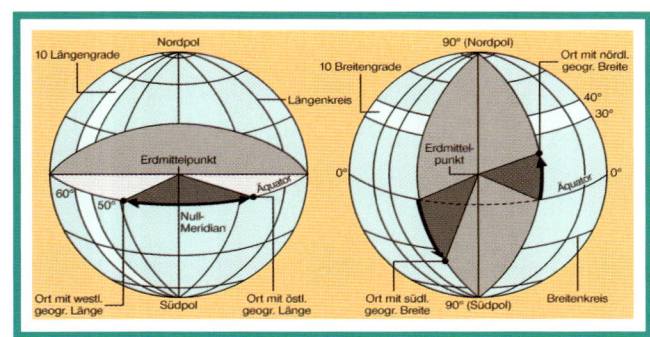

Die Skizze zeigt das Gradnetz der Erde mit den Längen- und Breitengraden.

Geschichte und Forschung

Wann gab es den ersten Sternatlas?

Die Abbildung aus Johann Bayers Sternatlas zeigt das Sternbild Löwe.

Der erste Sternatlas mit der ersten genauen Stern-karte wurde 1603 von dem Astronomen Johann Bayer (1572—1625) herausgegeben. Sein Titel war „Uranometria", was so viel wie „Himmelsvermessung" bedeutet. Weil das Teleskop damals noch gar nicht erfunden war, enthielten die Karten auch nur Sterne, die man mit dem bloßen Auge sehen konnte.

Wer entdeckte, dass es noch andere Galaxien gibt?

Eine große Ansammlung von Sternen und Planeten nennt man Galaxie. Allerdings kann niemand ganz genau sagen, wie viele Planeten sich in einer Galaxie befinden. Das ist ganz einfach so, weil wir am Himmel nur die jeweilige Sonne leuchten sehen, zugleich aber noch nichts darüber wissen, von wie vielen Planeten sie umkreist wird.

Außerdem gibt es in den zahlreichen Galaxien so viele Sonnen, dass wir auch sie nicht alle sehen können. Die Wissenschaftler gehen aber davon aus, dass sich in einer Galaxie viele Milliarden Planeten befinden müssen. Bis Anfang des 20. Jahrhunderts glaubte man, dass unsere Galaxie „Milchstraße" die einzige ist. Doch im Jahr 1923 entdeckte der Astronom Edwin Powell Hubble (1889—1953) mithilfe seines Spiegelteleskops, dass der Andromedanebel eine eigene Galaxie ist. Der Andromedanebel ist die Galaxie, die uns am nächsten ist. Er war zwar schon lange bekannt, allerdings wusste man nichts über seine genaue Beschaffenheit. In den darauffolgenden Jahren entdeckte Hubble noch viele weitere Galaxien.

Welchen Stern kannst du von jedem Ort der Erde sehen?

Das Orionsternbild ist eines der schönsten Sternbilder.

Orion ist das Sternbild, das du vom Herbst bis zum Frühling von jedem Ort der Erde aus sehen kannst. Es ist der „Jäger des Himmels", denn das auffällige Sternbild sieht wie ein Mann mit einem Sterngürtel aus, der ein Schwert und eine erhobene Keule trägt. An der linken Schulter des Jägers befindet sich ein heller roter Stern, der Beteigeuze heißt. Nur in der Nähe des Südpols ist Beteigeuze nicht zu sehen, weil er dort unterhalb des Horizonts liegt.

Wieso haben Sterne einen griechischen Buchstaben im Namen?

Der deutsche Astronom Johann Bayer (1572–1625) bezeichnete im Jahr 1603 jeden Stern eines Sternbildes mit einem griechischen Buchstaben. Der hellste Stern im Sternbild bekam den Buchstaben Alpha, der an erster Stelle im griechischen Alphabet steht. Der nächsthellste erhielt den zweiten Buchstaben des griechischen Alphabets, nämlich Beta, und so weiter und so weiter. Der griechische Buchstabe im Sternennamen kann dir also Aufschluss über die Helligkeit des Sterns innerhalb seines Sternbilds geben.

Was sagte der englische Astronom Edmond Halley voraus?

Im Jahr 1705 sagte der englische Astronom Edmond Halley (1656–1742) die Wiederkehr des nach ihm benannten Halleyschen Kometen für das Jahr 1758 voraus. Der Halleysche Komet ist einer der bekanntesten und hellsten Kometen und kehrt alle 76 Jahre in die Nähe der Erde zurück. Das nächste Mal erwarten wir ihn im Jahr 2061.

Welche Erfindungen waren für die Astronomie wichtig?

Seit dem 17. Jahrhundert wurden die Teleskope immer größer und leistungsfähiger. Die Forscher konnten so immer weiter in den Weltraum hineinsehen und entdeckten, dass kein Ende und keine Begrenzung zu entdecken sind. Der nächste große Schritt kam mit der Fotografie. Sie löste ab der Mitte des 19. Jahrhunderts das menschliche Auge als Beobachtungsinstrument ab. Seither kann man vom nächtlichen Sternenhimmel, der ja immer in Bewegung ist, Bilder machen und diese später in Ruhe auswerten. Auch die Messverfahren wurden von Wissenschaftlern immer weiterentwickelt. So kann man zum Beispiel heute den Radius der Sonne, also den Abstand von ihrem Mittelpunkt zum äußeren Rand, recht genau bestimmen, indem man berechnet, welche genaue Entfernung das Licht vom Sonneninneren bis zum Sonnenrand zurücklegen muss.

Was ist ein Astrolabium?

Das seit dem Mittelalter bekannte Astrolabium ist ein kleines Messgerät, mit dessen Hilfe Winkel am Himmel bestimmt werden können. Wie ein Astrolabium aussieht, kannst du dir am einfachsten vorstellen, wenn du an einen platt gedrückten Himmelsglobus denkst. Das scheibenförmige Astrolabium hat im Gegensatz zu einem Himmelsglobus nämlich nur zwei Dimensionen. In der Schifffahrt wurde das Astrolabium zur Navigation benutzt.

Mit dem Astrolabium wurden die frühen Sternkataloge erstellt.

Geschichte und Forschung

Zum Schmunzeln und Staunen

Aus der Welt der arabischen Legenden stammt folgende Geschichte: Ptolemäus (ca. 100–175) ritt eines Tages auf seinem Esel und hatte einen Himmelsglobus bei sich. Leider ließ er ihn aber fallen und der Esel trat darauf. Das Ergebnis dieses Unfalls war das Astrolabium.

Gab es früher schon Observatorien?

Die Historiker vermuten, dass die ersten astronomischen Beobachtungsplätze um etwa 2300 vor Christus in China und Babylon entstanden sind. Vermutlich bestanden sie damals aus erhöhten Plattformen, damit man freie Sicht auf den Himmel besaß. Um etwa 300 vor Christus wurde in Alexandria dann das bedeutendste antike Observatorium gebaut. Dort bestimmte man mit Instrumenten wie dem Astrolabium die Positionen von Sternen und Planeten. 1471 wurde dann das erste europäische Observatorium in Nürnberg eröffnet. „Observatorium" ist übrigens das lateinische Wort

Das Observatorium in Remplin wurde bereits im Jahr 1793 erbaut.

für „Sternwarte". Es stammt vom Verb „observare", was „beobachten" bedeutet.

Gibt es eigentlich auch unterirdische Observatorien?

Ja, die gibt es. Eines von ihnen befindet sich in Amerika in einer alten, 1600 Meter tiefen Goldmine. Ein enorm großer Tank dient dabei als eine Art Fernrohr. Mit ihm werden Neutrinos, das sind Elementarteilchen, die auch in Sternen und Galaxien entstehen, beobachtet und erforscht. Mit ganz besonderen Geräten, die sich unter der Erde befinden, lassen sich diese winzigen Teilchen, die von den Sternen ausgesendet werden, als Lichtblitze nachweisen.

Woher stammt der Begriff Satellit?

Als Satelliten bezeichnet man einen Himmelskörper, der einen Planeten begleitet. Aus diesem Grund heißt der lateinische Begriff „Satellit" übersetzt „Leibwächter". Der Mond ist beispielsweise ein Satellit, der unsere Erde begleitet. Heute werden Satelliten auch künstlich hergestellt, also von Menschen gebaut. Man bringt sie dann in eine Umlaufbahn der Erde und dort kreisen sie um diese herum. Sie machen zum Beispiel Fotos von der Erde, übertragen Fernsehprogramme und sind außerdem die Grundlage für alle Navigationssysteme.

Wann wurde das Teleskop erfunden?

Im Jahr 1608 wurde in Holland das Teleskop, manchmal auch Fernrohr genannt, entwickelt. Eine neuartige Linsenkombination lieferte nun gute Bilder von weit entfernten Objekten. 1609 richtete dann der italienische Naturforscher Galileo Galilei (1564—1642) zum ersten Mal ein Fernrohr gen Himmel. Er entdeckte dabei vier Jupitermonde. Die Entwicklung ging daraufhin immer schneller voran und so standen den Forschern zunehmend bessere und leistungsfähigere Teleskope zur Verfügung.

Nächtliche Himmelsbeobachtung mit einem Teleskop

Kann man mit einem Teleskop in die Vergangenheit sehen?

Wahrscheinlich denkst du bei dieser Frage sofort: „Nein, natürlich nicht, so ein Blödsinn!" Aber es geht tatsächlich. Du kannst mit einem Teleskop in weit, weit entfernte Galaxien schauen. Diese Galaxien sind viele Millionen Lichtjahre entfernt. Das Licht, das uns momentan ermöglicht, sie zu sehen, haben sie allerdings schon vor Millionen von Jahren ausgesendet. Es braucht diese lange Zeit, bis es uns erreicht. Folglich sehen wir die Galaxien also so, wie sie zu dem Zeitpunkt ausgesehen haben, als sie das Licht losschickten.

Was konstruierte Grote Reber?

Grote Reber (1911—2002) war Techniker und Astronom und einer der Pioniere der Radioastronomie. Er konstruierte 1937 das erste Radioteleskop, mit dem später Quasare (das sind weit entfernte aktive Galaxien, die sternförmig erscheinen) und Pulsare (das sind schnell rotierende Neutronensterne) entdeckt wurden. Mit diesem speziellen Teleskop kann man Erkenntnisse über Himmelskörper gewinnen, die Radiowellen aussenden, indem man die Radiowellen auswertet. Der Vorteil gegenüber optischen Teleskopen ist die größere Reichweite der Radioteleskope.

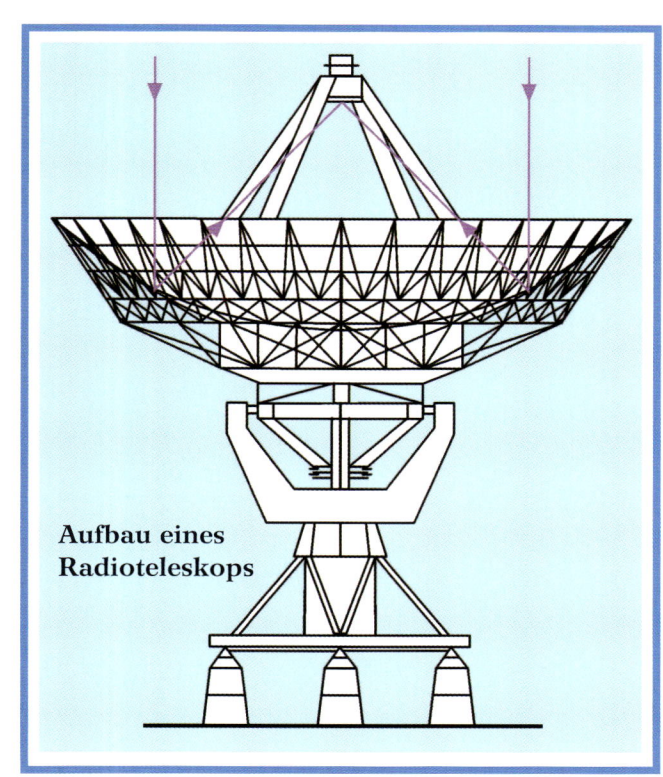

Aufbau eines Radioteleskops

Geschichte und Forschung

Wo ist ein Meteorit ein Heiligtum?

In Mekka, dem Geburtsort von Mohammed, steht eine große Moschee. In dieser riesigen Moschee steht die Kaaba. Dieses Gebäude, das wie ein großer Würfel aussieht, ist das zentrale Heiligtum des Islam, denn es wird als das „Haus Gottes" angesehen. Jeder gläubige Muslim sollte einmal in seinem Leben nach Mekka pilgern. Er muss dann die Kaaba siebenmal umrunden und schließlich den Schwarzen Stein küssen. Dieser besondere Stein wurde niemals wissenschaftlich untersucht, aber man vermutet, dass er ein Meteorit ist. Für die Muslime ist er ein großes Heiligtum und die muslimische Überlieferung besagt, dass der Stein aus dem Paradies stamme.

Wo fanden die letzten Meteoriteneinschläge statt?

Der letzte spektakuläre Fall eines Meteoriteneinschlags in Deutschland ereignete sich am 6. April 2002 in der Nähe des Schlosses Neuschwanstein. Die drei bisher geborgenen Steinmeteoriten wiegen alle um die zwei Kilo und sind in Bayern beziehungsweise in Tirol aufgefunden worden. Man nimmt an, dass die drei Meteoriten Teile eines Meteoroids mit einer Hauptmasse von circa 600 Kilogramm sind. In Sibirien schlug 1947 ein über 70 Tonnen schwerer Eisenmeteorit auf unbewohntem Gelände ein. Der

Einer der „Neuschwanstein-Meteoriten" im Größenvergleich mit einer Zwei-Euro-Münze

große Meteorkrater in Arizona ist hingegen mindestens 20.000 Jahre alt und durch den Einschlag eines etwa 60.000—100.000 Tonnen schweren Eisenmeteorits entstanden.

Wann gab es bei uns die letzte totale Sonnenfinsternis?

Am 11. August 1999 war über ganz Europa eine Sonnenfinsternis zu sehen. Eine totale Sonnenfinsternis konnten allerdings nur die Menschen von Stuttgart bis München beobachten, alle anderen sahen die Sonne nur in Teilen verdunkelt. Insgesamt dauerte das spektakuläre Schauspiel am Himmel etwa drei Stunden.

Welche Farbe hat das Licht?

Das Licht, das uns die Sonne sendet, hat viele unterschiedliche Farben, und das, was du als unser weißes Tages- und Sonnenlicht siehst, ist eine Mischung aus den sogenannten Spektralfarben. Isaac Newton zerlegte in einigen Experimenten das weiße Sonnenlicht mithilfe eines Glasprismas, das ein wenig wie eine kleine Pyramide aus Glas aussieht, in seine Spektralfarben. Dadurch werden alle Farben, aus denen das Licht besteht sichtbar. Diese Farben sind Rot, Orange, Gelb, Grün, Blau und Violett. Im Regenbogen kannst du, wenn du ganz genau hinschaust, alle Farben entdecken.

Warum ist die Sonne am Abend rot?

Wenn die Sonne in der Nähe des Horizonts steht, also kurz davor ist, unterzugehen, dann leuchtet sie bisweilen tiefrot. Das Sonnenlicht besteht, wie du sicher weißt, aus vielen unterschiedlichen Farben, nämlich aus Rot, Orange, Gelb, Grün, Blau und Violett. Diese Farben werden sichtbar, wenn das Sonnenlicht auf die Teilchen der Luft, die Luftmoleküle, trifft. Das blaue Licht wird durch diese Teilchen stärker gestreut als das rote, da es eine kürzere Wellenlänge besitzt. Das heißt, dass das rote Licht

Ein klassischer Sonnenuntergang mit vielen Orange- und Rottönen

mit seiner langen Wellenlänge auch über weite Entfernungen sichtbar ist. Auf diesem weiten Weg trifft es außerdem auf besonders viele Moleküle, die das Rot des Lichts noch intensivieren. Da nun am Abend der Weg des Lichts zur Erde länger ist, weil sich die Erde von der Sonne wegdreht, sehen wir vor allem das rote Licht.

Was ist ein Spektroskop?

Das weiße Licht der Sonne besteht ja aus vielen verschiedenen Farben. Wenn das weiße Licht in einem Prisma in seine unterschiedlichen Farben zerlegt wird, dann entsteht ein sogenanntes Spektrum. Das Spektroskop ist ebenfalls ein Gerät, mit dem man das Licht in sein Spektrum zerlegen kann. Der deutsche Optiker Joseph von Fraunhofer (1787—1826) erfand die Spektroskopie. Ein wichtiges Anwendungsgebiet ist die Astronomie, in der durch Erforschung des Spektrums von Himmelskörpern deren Eigenschaften bestimmt werden können. Mithilfe der Spektroskopie werden von Wissenschaftlern heute Experimente zu elektromagnetischer Strahlung und zur Materie gemacht.

Was ist das Hertzsprung-Russell-Diagramm?

Das Hertzsprung-Russell-Diagramm wurde zu Anfang des 20. Jahrhunderts von den Astronomen Ejnar Hertzsprung (1873—1967) aus Dänemark und Henry Norris Russell (1877—1957) aus Amerika entwickelt. Das Erstaunliche dabei ist, dass die beiden gar nicht zusammenarbeiteten und doch die gleichen Entdeckungen machten. Daher erhielt das Diagramm auch den Namen dieser beiden Männer. Das Diagramm ermöglicht die Einordnung der Sterne nach ihrer Farbe und Helligkeit in ein Koordinatensystem. Dadurch kann ihr Entwicklungsstand oder auch ihre Lebenserwartung angegeben werden.

Wann entstanden die ersten Bilder von der Mondrückseite?

Die ersten Bilder von der Mondrückseite entstanden im Oktober 1959. Die sowjetische Sonde Luna 3 war es, die die Bilder von der Mondrückseite auf die Erde übermittelte. Damit war das Rät-

Geschichte und Forschung

sel, wie der Mond wohl von seiner anderen Seite aussieht, gelöst. Allerdings war das Ergebnis nicht sonderlich beeindruckend, denn im Wesentlichen sah die Rückseite des Mondes genauso wie seine Vorderseite aus.

Was untersuchte ein Wissenschaftler mithilfe von 30.000 Weizenpflanzen?

Eine gute Frage: Der hier gemeinte Wissenschaftler jedenfalls führte mit den Pflanzen ein Experiment zur Sauerstoffversorgung im All durch. Der Wissenschaftler lebte 14 Tage lang in einem völlig abgeschlossenen Raum mit 30.000 Weizenpflanzen. Ziel des Experiments war, zu beweisen, dass es möglich ist, ausreichend Sauerstoff im All zu erzeugen, um sich auch länger dort aufzuhalten. Das Experiment funktionierte: Der Wissenschaftler atmete 14 Tage den Sauerstoff, den die Weizenpflanzen erzeugten, und die Pflanzen verbrauchten das ausgeatmete Kohlendioxid.

Weizenähren erzeugen Sauerstoff.

Was ist die ESA?

Die ESA ist die Europäische Weltraumorganisation, deren Zentrale sich in Paris befindet. Sie hat 17 Mitgliedsstaaten: Belgien, Dänemark, Deutschland, Finnland, Frankreich, Griechenland, Großbritannien, Irland, Italien, Luxemburg, die Niederlande, Norwegen, Österreich, Portugal, Schweden, die Schweiz und Spanien. Alle Staaten planen gemeinsam das europäische Weltraumprogramm und widmen sich der Erforschung der Erde, des Sonnensystems und des gesamten Universums. Wichtige Projekte der ESA befassen sich mit der Weiterentwicklung und dem Start von Kommunikations-, Navigations- und Wettersatelliten sowie mit der Entwicklung neuer Technologien zur Erforschung des Weltraums.

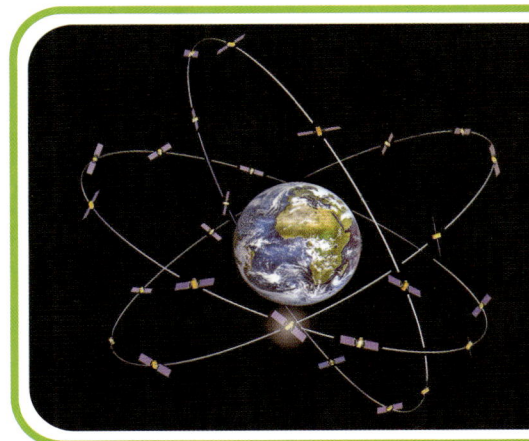

Die Grafik zeigt die Satelliten des ESA-Navigationssystems Galileo.

Haben wir je Signale aus dem All empfangen?

Karl Jansky (1905—1950), ein amerikanischer Physiker und Radioingenieur, hörte im Jahr 1931 seltsame Funkgeräusche. Neugierig geworden, entdeckte er, dass sie direkt von den Sternen kamen. Der Grund dafür lag darin, dass Sterne und Galaxien neben Licht auch Radiowellen erzeugen.

Welcher Deutsche hielt sich am längsten im Weltraum auf?

Vom 4. Juli 2006 bis zum 22. Dezember 2006 war der deutsche Astronaut Thomas Reiter Mitglied des Teams auf der Internationalen Raumstation ISS.

Der deutsche Astronaut Thomas Reiter arbeitet an Bord der ISS.

Fast sechs Monate lang kreiste er um die Erde. Bereits 1996 verbrachte der ESA-Astronaut ein knappes halbes Jahr auf der russischen Raumstation Mir.

Was macht die NASA?

Die NASA ist die US-amerikanische Luft- und Raumfahrtbehörde. Sie wurde 1958 gegründet. Ihr ursprüngliches Bemühen war es, den damaligen Wettlauf gegen die Sowjetunion um die bemannte Erkundung des Weltraums zu gewinnen. Diesen Wettlauf verlor die NASA, denn am 12. April 1961 startete der sowjetische Kosmonaut Juri Gagarin als erster Mensch ins All. Er umrundete die Erde in 108 Minuten. Am 5. Mai 1961 schickte dann auch die NASA ihren ersten Astronauten Alan B. Shepard Jr. (1923–1998) ins All. Zahlreiche Raketen sind seither ins All geflogen und mittlerweile werden von der NASA sogar bemannte Flüge zum Mars geplant. Ebenso soll irgendwann eine Basisstation auf dem Mond errichtet werden, die dauerhaft mit Wissenschaftlern besetzt ist.

Was ist ein Parsec?

Ein Parsec ist eine astronomische Maßeinheit für die Entfernungsangabe von Himmelskörpern. Ein Parsec ist gleich 3,25 Lichtjahre. Ein Lichtjahr hat etwa 9,5 Billionen Kilometer, das heißt, ein Parsec bezeichnet eine Entfernung von etwa 30,8 Billionen Kilometern. Einfach unvorstellbar, solch eine Entfernung!

Wann war das „schwarze Jahr der Raumfahrt"?

Nachdem die USA die Vorbereitungsprogramme für die bemannte Raumfahrt zum Mond abgeschlossen hatten, sollte mit dem Apollo-Programm endlich ein Mensch auf den Mond fliegen. Aber 1967 kam es beim ersten Test zu einem schrecklichen Unfall. Die Astronauten Virgil Grissom, Edward White und Roger Chaffee verbrannten während des Tests am Boden in der Raumkapsel. Im gleichen Jahr gab es einen tragischen Unfall in der UdSSR, bei dem der Kosmonaut Wladimir Komarow ums Leben kam. Daher erhielt das Jahr 1967 den Titel das „schwarze Jahr der Raumfahrt".

Was ist die Pioneer-Plakette?

An Bord der US-amerikanischen Raumsonde Pioneer 10, die am 3. März 1972 ins All startete, befindet sich eine „Botschaft der Menschheit". Da die Sonde auf ihrer Flugbahn das Sonnensystem ver-

Die Zeichnung zeigt die Sonde Pioneer 10.

ließ, brachte man zuvor die Pioneer-Plakette „Gruß der Menschheit" an ihr an. Die vergoldete Aluminiumplatte zeigt einen Mann und eine Frau sowie ein Koordinatensystem, das die Position unseres Sonnensystems angibt. Außerdem sind ein Wasserstoffmolekül und unser Sonnensystem mit der Sonne, den acht Planeten und Pluto dargestellt. Sie ist also eine Art Adresse. Die Botschaft der Pioneer-Plakette ist an mögliche intelligente Lebensformen im All gerichtet.

Was ist SETI@home?

SETI@home ist ein wissenschaftliches Projekt, das seit 1960 an der Universität von Kalifornien, Berkeley, durchgeführt wird. Dabei wird die Leistung von Tausenden durch das Internet verbundenen Computern für die Suche nach außerirdischer Intelligenz genutzt. Der Weltraum wird mit Radioteleskopen abgehört und erforscht. Seit 1999 helfen unzählige private Rechner bei der Auswertung der Daten, und wenn du Lust hast, kannst du ebenfalls mitmachen. Alle Informationen findest du auf der offiziellen Webseite im Internet.

Wer ist Stephen Hawking?

Stephen Hawking wurde 1942 geboren. Wegen einer schweren Erkrankung sitzt er fast vollständig gelähmt im Rollstuhl und kann sich heute nur noch mittels eines Sprachcomputers verständigen. Stephen Hawking ist ein englischer Astrophysiker, das heißt er erforscht Himmelserscheinungen mithilfe der Physik. Hawking sucht nach einer Theorie, die grundlegende Kräfte, wie die Kernkraft, die Gravitation und den Elektromagnetismus, als unterschiedliche Arten einer einzigen Kraft erklärt: die sogenannte Weltformel.

Was ist die Weltformel?

Die Weltformel ist eine universelle Formel, eine Formel also, die alles erklären kann. Die gesamte Physik könnte damit erklärt werden, wenn sie denn gefunden würde. Albert Einstein versuchte bis zu seinem Lebensende diese Formel zu finden, es gelang ihm aber nicht. Es gibt zwar einige Versuche zu einer solchen Theorie, sie sind bisher jedoch alle unvollständig. Einige Wissenschaftler glauben aber auch, dass es eine solche Formel gar nicht geben kann, da sie alle möglichen Wechselwirkungen in der Natur berücksichtigen müsste.

Stephen Hawking bei der Vorstellung eines seiner Bücher

Der Mond

Dass der Mond um die Erde kreist, weißt du bestimmt, und dass er für Ebbe und Flut sorgt, vielleicht auch. Du kannst ihn am Abend beim Zubettgehen sehen und manchmal auch noch frühmorgens.

Ein leuchtender Halbmond

Die Gesichter des Mondes

Der Mond wechselt ständig seine Form, oder zumindest tut er so, und er sieht jeden Abend ein wenig anders aus. Mal dicker, mal dünner und manchmal, wenn du ganz genau hinschaust, scheint er fast ein wenig müde auszusehen. Kein

Der Vollmond

Wunder, er ist ja auch die ganze Nacht lang wach! Im Laufe eines Monats kannst du mal mehr und mal weniger von seiner Tagseite sehen. Das nennt man dann die Mondphasen. Der Mond ist etwa viermal kleiner als die Erde und besitzt keine eigene Atmosphäre. Wenn du ihn mit dem Fernrohr betrachtest, kannst du zwei verschiedene Mondgebiete erkennen. Die mit Kratern überzogenen Hochländer sind heller als die dunklen Meere. Diese Meere enthalten allerdings kein Wasser. Sie sind eigentlich nur Einschlagkrater, die sich später mit Lava gefüllt haben.

Ein Leben nach dem Mond

Es gibt Menschen, die ihr ganzes Leben auf den Mond und sein wechselndes Gesicht, also seine Phasen, ausrichten. Sie glauben an den Einfluss des Mondes auf unser Leben. Deshalb beginnen sie eine Diät nur bei abnehmendem Mond, pflanzen und ernten nur zu bestimmten Mondphasen und schlagen ihre Weihnachtsbäume am Tag vor dem letzten vorweihnachtlichen Vollmond, damit sie nicht so schnell nadeln.

Der Mond und die Gezeiten

Wenn du schon an der Nordsee Urlaub gemacht hast, dann hast du dich vielleicht gewundert, warum sich das Meer plötzlich entfernt. Hat irgendwo einer den Stöpsel herausgezogen oder ist das Meer einfach mal kurz auf Urlaub zu einem Bekannten? Plötzlich ist das Wasser weit fort, und verantwortlich dafür ist der Mond. Die riesigen Wassermengen der Meere auf unserer Erde werden von der Anziehungskraft des Mondes und der Anziehungskraft der Sonne in Bewegung gebracht. Dadurch entsteht der tägliche Wechsel von Ebbe und Flut. Da aber der Mond näher an der Erde ist als die Sonne, ist er wichtiger für die sogenannten Gezeiten, wie man diesen Wechsel nennt.

Eine Wattwanderung bei Ebbe

Eine Seite unserer Erde ist immer dem Mond zugewendet. Auf dieser Seite bewegt sich die Oberfläche aufgrund der Anziehungskraft ganz leicht in Richtung des Mondes. Die Bewegung ist zwar nur so minimal, dass du es nicht spüren kannst, aber es geschieht. Mit sehr empfindlichen Instrumenten können diese Bewegungen sogar gemessen werden.

Das Meer hebt sich und das Wasser strömt in Richtung Mond. Auf dieser Erdseite bildet sich dadurch ein Flutberg. Das Wasser auf der gegenüberliegenden Seite bleibt zurück und bildet dort einen zweiten Flutberg.

Der Mond scheint über den Himmel zu wandern, während die Erde sich dreht, und die Flutberge versuchen, dem Mond zu folgen. Bestimmte Gebiete auf unserer Erde erhalten so zweimal am Tag Besuch von diesen Flutbergen. Zuerst hebt sich dort dann der Meeresspiegel und es entsteht die Flut. Dann fällt der Meeresspiegel wieder ab und es herrscht abermals Ebbe.

Die Sonne hat keine so starke Wirkung auf Ebbe und Flut. Wenn allerdings Sonne und Mond auf einer geraden Linie stehen, erzeugen sie gemeinsam sogenannte Springfluten, bei denen das Wasser höher ansteigt als bei einer normalen Flut.

Die Flut kommt.

Erforschung des Mondes

Außer unserer Erde ist der Mond der einzige Himmelskörper, der je von Menschen betreten wurde. Am 21. Juli 1969 setzte Neil Armstrong als erster Mensch seinen Fuß in den Mondstaub. Die mitgebrachten Gesteinsproben der Mondflüge halfen den Wissenschaftlern, wichtige Erkenntnisse über den Mond zu gewinnen.

Wie sieht unser Sonnensystem aus?

Unser Sonnensystem besteht aus den acht Planeten, ihren Monden, Kometen und Asteroiden, die alle auf festen Bahnen um die Sonne kreisen. Es erstreckt sich über etwa 20 Milliarden Kilometer. Der zentrale Himmelskörper, um den sich in unserem Sonnensystem alles dreht, ist die Sonne. Nur ein einziger der acht Planeten steht in so günstiger Position zur Sonne, dass sich auf ihm Luft und Wasser bilden konnten: die Erde. Sie ist zur Heimat einer Vielfalt von Lebewesen geworden.

Wo liegt unser Sonnensystem im weiten Universum?

Unser Sonnensystem hat zwar keine direkte Postanschrift, aber solltest du einmal Post aus einem anderen Sonnensystem erwarten, ergeben dein Name, Galaxie Milchstraße und Planet Erde zusammen die korrekte Adresse. Unsere Galaxie, die Milchstraße, sieht eigentlich wie eine flache Scheibe im Universum aus. Sie hat einen Durchmesser von etwa 100.000 Lichtjahren, und so wird der intergalaktische Zustellservice ziemlich lange zu dir unterwegs sein.

Wie entstand unser Sonnensystem?

Die Erde gehört zu einer Familie von Planeten, Monden, Kometen und den Kleinplaneten zwischen Mars und Jupiter, den Asteroiden, die alle um die Sonne kreisen. Unser Sonnensystem entstand vor etwa 4,6 Milliarden Jahren aus einer riesigen Wolke aus Gas und Staub. Diese Gas- und Staubwolke bestand aus Resten explodierter Sterne, die sich zu einem neuen Sonnensystem entwickelten. Der zentrale Himmelskörper in unserem Sonnensystem ist die Sonne. In früheren Zeiten hielt man unser Sonnensystem für den größten Bestandteil des Universums. Heute wissen wir aber, dass es im Vergleich zum gesamten Weltall nur winzig klein ist.

Wieso hält unser Sonnensystem eigentlich zusammen?

Die Schwerkraft, eine Anziehungskraft zwischen den Körpern, hält das Sonnensystem zusammen. Die Stärke der Schwerkraft hängt von der Masse der Körper und von ihrer gegenseitigen Entfernung ab. Ihre Wirkung wird mit zunehmender Entfernung geringer. Je weiter ein Planet von der Sonne entfernt ist, desto

Unser Sonnensystem mit seinen acht Planeten

Unser Sonnensystem

langsamer bewegt er sich. Es ist auch die Schwerkraft, die das Material in den Himmelskörpern zusammenhält. Ist sie stark genug, bindet sie Gase an einen Planeten oder Mond, sodass eine Atmosphäre entsteht. Im 17. Jahrhundert erforschte Isaac Newton (1643–1727) die Bewegung des Mondes und der Planeten und formulierte ein Gesetz über die Schwerkraft, das Gravitationsgesetz.

Warum ist die Sonne warm?

Die Sonne besteht hauptsächlich aus dem Gas Wasserstoff. Durch die große Hitze im Innern der Sonne werden in jeder Sekunde Millionen Tonnen von Wasserstoff in das Gas Helium umgewandelt. Dabei entsteht Energie. Diese wird in Form von Wärme in den Weltraum abgegeben. Auch wenn die Erde rund 150 Millionen Kilometer von der Sonne entfernt ist, reicht diese Energie aus, um die Erde zu erwärmen. Wenn die Sonne verlöschen würde, würden die Temperaturen auf der Erde innerhalb kurzer Zeit so weit sinken, dass auf ihr kein Leben mehr möglich wäre.

Was bedeutet die Sonne für uns Menschen?

Das Licht der Sonne macht jeden Tag, an dem sie scheint, freundlich und hell. Doch die Sonne tut noch sehr viel mehr für uns: Sie schenkt uns fast die gesamte Wärme auf der Erde. Das Sonnenlicht bringt zudem in den Blättern der grünen Pflanzen einen Prozess in Gang, den man Fotosynthese nennt. Bei diesem Prozess entwickeln die Pflanzen Sauerstoff, das Gas, das Menschen und Tiere zum Atmen brauchen. Der gesamte Sauerstoff auf der Erde wird also von den Pflanzen mithilfe der Sonne geschaffen. Die Pflanzen verdanken der Sonne außerdem, dass sie wachsen können. Und schließlich ist die Sonne die natürliche Uhr der Menschheit. Sie ist in unserem Leben der Orientierungspunkt für Tag und Nacht und für die Jahreszeiten.

Die Sonne scheint durch die Äste der Bäume.

Was macht die Sonne in der Nacht?

Tatsächlich scheint die Sonne auch in der Nacht. Wir sehen das Sonnenlicht aber nur bei Tag, weil sich die Erde um sich selbst dreht. Man nennt das die Eigenrotation der Erde. Sie bewirkt, dass immer nur ein Teil der Erde der Sonne zugewandt ist. Die andere Seite liegt im Dunkeln. Du kannst dir das so vorstellen: Nimm einen Fußball und halte ihn vor eine Lampe. Die Lampe ist die Sonne. Der Fußball ist die Erde. Du siehst, dass die Hälfte, die zur Lampe zeigt, hell ist. Die andere ist dunkel. Wenn du den Ball drehst, wandert das Licht über den Ball — das sind Tag und Nacht. Während bei uns Nacht ist, ist zum Beispiel auf der anderen Seite der Erde in Amerika heller Tag.

Wie sieht es auf der Sonne aus?

Die Sonne ist, wie jeder andere Stern auch, ein glühender Gasball. Sie ist mindestens 4,5 Milliarden Jahre alt. Die Lebensdauer eines Sterns hängt von seiner Masse ab. Je größer die Masse ist, umso verschwenderischer geht der Stern mit seinem Brennstoff um und umso kürzer ist seine Lebenserwartung. Unsere Sonne ist ein Stern in den besten Jahren, denn sie wird noch etwa fünf bis sieben Milliarden Jahre existieren. In ihrem Innern herrschen ein gewaltiger Druck und große Hitze, nämlich bis zu 15 Millionen Grad Celsius. Dagegen ist die Oberfläche der Sonne mit rund 6000 Grad Celsius geradezu kühl. Umgeben wird die Sonne von einem lockeren Mantel. Man nennt ihn Strahlenkranz oder Korona. Dieser Mantel kann bis zu mehreren Hundert Kilometern breit sein. Manchmal fegt ein Wind durch die Korona und reißt ein Stückchen davon mit hinaus in den Weltraum. Ein anderes glühendes Spektakel sind die Sonnenflecken auf der Oberfläche der Sonne.

Warum hat die Sonne Flecken?

Die Oberfläche der Sonne ist in ständiger Bewegung. Gase wirbeln herum und schießen in Fontänen in die Höhe. Dunkle Flecken, die Hunderte oder Tausende von Kilometern breit sind, treten in regelmäßigen Abständen auf. Diese sogenannten Sonnenflecken sind verhältnismäßig kühle und dunkle Stellen auf der Oberfläche der Sonne. Sie sind etwa 500 Grad Celsius kälter als ihre Umgebung. Viele von ihnen sind sogar größer als die Erde. Darüber bilden große Eruptionen, das sind gigantische Gasausbrüche, riesige Bögen. Bei genauem

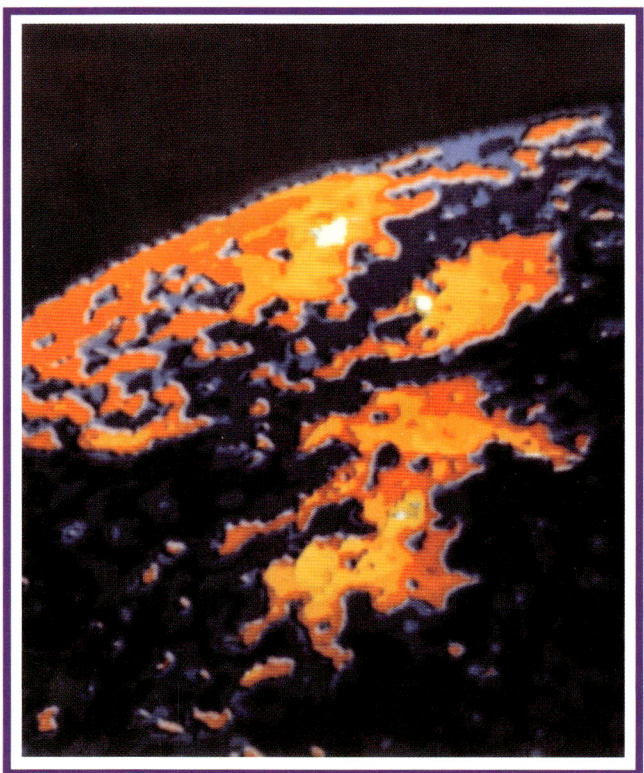

Sonnenflecken auf der Oberfläche der Sonne

Hinsehen kann man die Sonnenflecken manchmal erkennen. Bei der Betrachtung der Sonne musst du allerdings sehr vorsichtig sein, da ihr grelles Licht deine Augen schädigen kann. Schweißerbrillen oder andere allgemein gebräuchliche Mittel schützen die Augen nicht ausreichend, da sie die schädliche Strahlung nicht herausfiltern können. Also: Nur mit Spezialfiltern in die Sonne sehen!

Infos zum Staunen

Die Sonne hat einen Durchmesser von rund 1,4 Millionen Kilometern. Aneinandergereiht brauchte man immerhin 109 Erdkugeln für diese Strecke. Sie ist unser nächster Stern und circa 150 Millionen Kilometer von der Erde entfernt.

Unser Sonnensystem

Wie wärmt die Sonne die Erde?

Ohne die wärmenden Strahlen der Sonne würde auf unserer Erde Dauerfrost herrschen, mindestens minus18 Grad und eine dicke Eisschicht. Aber wir haben Glück, denn die Sonnenstrahlen treffen auf die Oberfläche unserer Erde und ein Teil davon wird wieder abgestrahlt und von der Erdatmosphäre, ähnlich wie in einem Gewächshaus, nochmals reflektiert. So wird die Erde durch einen ganz natürlichen Treibhauseffekt erwärmt. Kannst du dir übrigens vorstellen, dass die Energie des Lichts, das du jetzt sehen kannst, 30.000 Jahre für ihren Weg aus dem Sonneninnern zur Sonnenoberfläche gebraucht hat? Sie ist also zur Zeit der Neandertaler entstanden.

Was ist eine Atmosphäre?

Atmosphäre heißt die schützende Hülle aus Gasen, die einen Planeten umgibt. Unsere Erde ist von einer Atmosphäre umgeben, die hauptsächlich aus Stickstoff, Sauerstoff, Argon und Kohlendioxid besteht. Die Atmosphäre schützt die Lebewesen vor schädlicher Strahlung aus dem Weltraum, aber lässt zugleich das lebenswichtige Sonnenlicht durch. Sie bewahrt unseren Planeten vor Überhitzung und starker Auskühlung und kann uns sogar vor kleineren Meteoriten beschützen.

Wo befindet sich die Ozonschicht?

Die Stratosphäre — das ist eine der Schichten unserer Erdatmosphäre — beginnt etwa 15 Kilometer über der Erde und endet in ungefähr 50 Kilometern Höhe. In der Stratosphäre befindet sich eine dünne Schicht Ozon. Ozon besteht nicht wie Sauerstoff aus zwei, sondern aus drei Sauerstoffatomen. Diese Ozonschicht in der Stratosphäre schützt uns vor den Strahlen der Sonne. Genauer gesagt filtert sie die ultravioletten Anteile, die für uns Menschen gefährlich sind, aus dem Sonnenlicht.

Die Satellitenaufnahme zeigt die Ozonschicht: Je dunkler das Blau, umso dünner ist die Ozonschicht.

Was ist ein Ozonloch?

Du hast bestimmt schon einmal ein Loch in deiner Hose gehabt, oder? So ähnlich kannst du dir das Ozonloch auch vorstellen. Dort, wo vorher die schützende Ozonschicht war, ist nun ein großes Loch. Dieses Loch liegt über der Antarktis. Der Mensch hat durch die Verwendung von FCKW, das ist die Abkürzung von Fluorchlorkohlenwasserstoff, dieses Ozonloch verursacht. FCKW wurde lange Zeit in Spraydosen oder auch in Kühlschränken eingesetzt. Da das Ozonloch immer größer und die gesamte Ozonschicht immer dünner werden, fordern Wissenschaftler schon lange, dass die Menschen das schädliche FCKW nicht mehr verwenden.

Was ist der Treibhauseffekt?

Kennst du ein Treibhaus? In den Glasbauten ist es meist ziemlich warm, deshalb können Blumen oder Gemüse auch im Winter darin wachsen. Die Sonne scheint durch die großen Glasscheiben hinein und die Wärme wird in dem Treibhaus gespeichert wie unter einer dicken Daunendecke. So ähnlich ist das auch mit dem Treibhauseffekt auf der Erde. Die Sonne scheint auf unsere Erde und erwärmt sie. Das ist prima, denn sonst gäbe es hier ja kein Leben. Aber leider ist das Vorkommen von Kohlendioxid und anderen sogenannten Treibhausgasen, wie FCKW, das früher in Spraydosen verwendet wurde, auf der Erde stark angestiegen. Der Mensch produziert diese Gase im Übermaß und dadurch heizt sich die Atmosphäre künstlich auf und es wird immer wärmer, so wie in einem heißen Treibhaus.

Die Auswirkungen betreffen sowohl die Natur als auch Mensch und Tier.

Der Treibhauseffekt hat auch Auswirkungen auf die Eisschmelze am Nordpol.

Darf man direkt in die Sonne sehen?

Nein, das darfst du auf keinen Fall! Selbst eine Sonnenbrille kann deine Augen nicht ausreichend vor dem grellen Licht schützen, wenn du direkt in die Sonne siehst. Die ultravioletten Strahlen der Sonne schaden deinen Augen sehr und du kannst im Ex-

tremfall sogar blind davon werden. Wenn du eine Volkssternwarte in deiner Nähe hast, dann ist das der richtige Ort für Sonnenbeobachtungen!

Was ist eine Sonnenfinsternis?

Am 11. August 1999 verschwand die Sonne in vielen Teilen Europas für ein paar Minuten einfach vom Himmel. Es wurde kühl und dunkel wie am späten Abend. Die Sonne war nicht etwa vom Himmel gefallen oder in den Urlaub gefahren, sondern

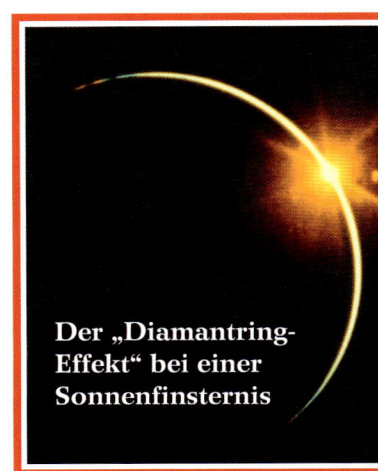

Der „Diamantring-Effekt" bei einer Sonnenfinsternis

es fand eine Sonnenfinsternis statt. Auch wenn es so aussieht, hört die Sonne währenddessen nicht auf zu scheinen. Die Erde liegt dabei nur im Schatten des Mondes. Die Sonne wird also durch den Mond der Erde verdeckt. Man kann zwei Arten der Sonnenfinsternis unterscheiden. Bei der totalen Sonnenfinsternis wird die Sonne ganz verdeckt. Bei einer partiellen Sonnenfinsternis verdeckt der Mond die Sonne nur teilweise.

Muss man bei einer Sonnenfinsternis die Augen schützen?

Unbedingt, denn blickt man bei einer Sonnenfinsternis direkt in die Sonne, dann sind die Augen einer Helligkeit ausgesetzt, die ungefähr 50.000-mal stärker ist als die hellsten natürlichen Dinge auf der Erde — zum Beispiel in der Sonne glitzernder

Unser Sonnensystem

Schnee. Man merkt es nur nicht, weil die Sonne vom Mond verdeckt ist und darum dunkel aussieht. Die Sonnenstrahlen sind aber wie zuvor vorhanden. Hornhaut und Linse bündeln dieses Licht im Auge wie eine Lupe und lassen die Helligkeit im Auge noch einmal um das 40-Fache ansteigen. So wie man mit einer Lupe, durch die das Sonnenlicht fällt, ein Feuer entfachen kann, so verursachen die Sonnenstrahlen auf der ungeschützten Netzhaut winzige „Brandlöcher". Dort, wo man am schärfsten sieht, entsteht ein blinder Fleck auf der Netzhaut, der nicht mehr heilt. Diese kleinen Flecken stören dann zum Beispiel beim Lesen. Im schlimmsten Fall kann man sogar völlig erblinden. Beobachtet man bei einer Sonnenfinsternis die Sonne mit einem normalen Fernglas oder Fernrohr, dann wird dieser Lupeneffekt sogar noch verstärkt.

Womit schützt man bei einer Sonnenfinsternis die Augen?

Wenn du eine Sonnenfinsternis beobachten willst, musst du unbedingt deine Augen schützen. Keinen ausreichenden Schutz bieten Sonnenbrillen, gerußte Glasscheiben oder schwarze Filmstreifen, CDs, Rettungsdecken und Ähnliches. Aus diesem

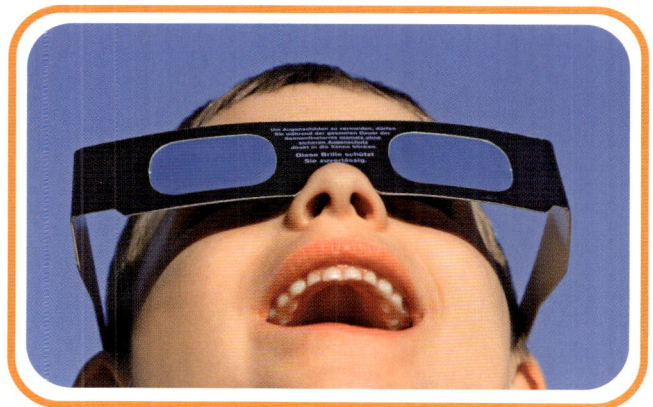
Sonnenbetrachtung immer mit Schutzbrille

Grund kannst du zur Beobachtung einer Sonnenfinsternis in vielen Optikgeschäften für wenig Geld wirksame Spezialschutzbrillen kaufen.

Wie weit ist die Erde von der Sonne entfernt?

Die Erde befindet sich durch ihre Bewegung auf einer nicht ganz kreisförmigen Umlaufbahn nie gleich nah an der Sonne. Im Mittel ist die Erde etwa 149.597.870 Kilometer von der Sonne entfernt. Das Licht benötigt für die Strecke von der Sonne zur Erde etwa acht Minuten.

Wie schnell dreht sich die Erde um die Sonne?

Unsere Erde bewegt sich mit einer Durchschnittsgeschwindigkeit von 29,78 Kilometern pro Sekunde um die Sonne, also mit ungefähr 107.000 Kilometern pro Stunde.

Welcher Stern ist der Erde am nächsten?

Der von der Erde aus gesehen nächste Stern ist natürlich die Sonne! Erst danach kommt mit 4,3 Lichtjahren Entfernung der Stern Proxima Centauri im Sternbild Zentaur. Proxima Centauri, der unserer Sonne recht ähnlich ist, wurde wegen seiner geringen Leuchtkraft erst 1915 von Robert Thorburn Ayton Innes (1861–1933) entdeckt, dem damaligen Direktor des Republic Observatory in Johannesburg, Südafrika. Das Alter des Proxima Centauri wird auf etwa sechs Milliarden Jahre geschätzt.

Wie lange braucht die Erde, um die Sonne zu umrunden?

Die Erde braucht ein Jahr, um einmal die Sonne zu umkreisen, also 365 Tage. Allerdings stimmt diese Berechnung nicht so ganz genau. Eigentlich benötigt die Erde nämlich 365 Tage, fünf Stunden und noch einige Minuten mehr, um die Sonne einmal komplett zu umkreisen. Deshalb kommt alle vier Jahre ein Schaltjahr zustande, das dann 366 Tage hat. Der zusätzliche Tag, der auch Schalttag genannt wird, ist dann der 29. Februar. Damit stimmt dann auch unser Kalender wieder.

Ist die Erde der Mittelpunkt des Universums?

Lange Zeit glaubten die Menschen, dass die Erde das Zentrum des Weltalls sei und die Sonne sich um die Erde drehe. Im Jahr 1543 veröffentlichte Nikolaus Kopernikus (1473—1543) jedoch seine Forschungsergebnisse und zeigte, dass es sich umgekehrt verhält: Unser Planet Erde dreht sich um die Sonne. Nach Kopernikus gab es weitere Wissenschaftler, die seine Entdeckung bestätigten. Bis sich die Menschen davon überzeugen ließen, dauerte es aber noch viele Jahre.

Unsere Erde vom Weltall aus gesehen

Gab es auf der Erde schon immer Lebewesen?

Ganz früher, während der ersten Milliarden Jahre, war kein Leben auf der Erde möglich. Im Innern der Erde brodelte es nämlich so sehr, dass es häufig zu Vulkanausbrüchen und Erdbeben kam. Im Laufe der Zeit wurden diese seltener, die Erdkruste beruhigte sich und kühlte ab. Somit konnte Leben auf der Erde entstehen. Die ersten Lebewesen entwickelten sich vor etwa 590 Millionen Jahren.

Wie groß ist die Entfernung zwischen Mond und Erde?

Zeichnet man die Umlaufbahnen der Planeten auf, so erkennt man schnell, dass sie keine genauen Kreise um die Sonne ziehen, sondern eher ovalen Wegen folgen, den sogenannten Ellipsen. Daher gibt es immer einen Punkt, an dem sich ein Planet näher an der Sonne befindet, und einen, an dem er weiter von der Sonne entfernt ist. Ebenso verhält es sich mit dem Mond und seiner Umlaufbahn um die Erde. Der kleinste mögliche Abstand zwischen unserer Erde und dem Mond beträgt 356.400 Kilometer, der größte Abstand 406.700 Kilometer.

Wieso erscheint die Erde vom All aus blau?

Die Oberfläche der Erde ist zu etwa 70 Prozent mit Wasser bedeckt, also zum größten Teil. In dem Wasser spiegelt sich das Licht der Sonne. Dabei

Unser Sonnensystem

wird vor allem das blaue Licht der großen Meerestiefen reflektiert und deshalb erscheint das Meer blau. Daher wird die Erde auch „Blauer Planet" genannt.

Das Meer leuchtet in schönstem Blau.

Was macht der Mond am Tag?

Stell dir vor, du bist ein Astronaut, der über der Erde und über dem Mond schwebt. Von dort oben kannst du Folgendes beobachten: Der Mond hat sich etwas oberhalb der Erde angesiedelt. Dort läuft er auf einer eiförmigen Bahn in 28 Tagen einmal um die Erde. Die Erde wandert um die Sonne herum und dreht sich dabei in 24 Stunden einmal um sich selbst. Weil der Mond etwas höher steht als die Erde, erreichen ihn die Strahlen der Sonne Tag und Nacht. Den zunehmenden Mond kann man bereits mit bloßem Auge am Nachmittags- und Abendhimmel und den abnehmenden Mond am Morgen- oder Vormittagshimmel sehen. Das kannst du auch leicht selbst ausprobieren.

Warum dreht sich der Mond um die Erde?

Die Erde hat mehr Masse als der Mond und so wird der Mond von der Erde angezogen. Aber der Mond hat ja auch selbst eine Masse und so zieht er die Erde ebenfalls an. Das ist ein bisschen so wie beim Tauziehen. Der Stärkere bei diesem Spiel ist in unserem Fall die Erde, da sie mehr Masse hat.

Deshalb umrundet der Mond also die Erde. Durch die gegenseitige, wenn auch ungleiche Anziehungskraft umkreisen beide einen gemeinsamen Schwerpunkt. Die Ursache dieser Drehbewegung liegt in der Anfangszeit unseres Sonnensystems, als sich die Gas- und Staubwolke in einer drehenden Scheibe zusammenzog. Dieser Dreheffekt ist selbst nach so langer Zeit noch vorhanden. Durch die Drehung wird eine nach außen gerichtete Fliehkraft erzeugt, ähnlich wie in einem sich drehenden Kettenkarussell. Hielte man den Mond an, würde er nach einem kurzen Stillstand immer schneller auf die Erde zurasen, bis er schließlich mit ihr zusammenstoßen würde.

Unsere Erde mit dem Mond rechts im Hintergrund

Wie schwer ist der Mond?

Eigentlich ist der Mond ziemlich leicht, aber natürlich nur im Vergleich mit anderen Himmelskörpern! Der Mond ist nämlich 81-mal leichter als die Erde. Wenn du dir eine gigantische Himmelskörperwaage vorstellst, dann müsstest du auf die eine Waagschale 81 Monde legen und auf die andere Seite der Waage lediglich eine Erdkugel, damit die Waagschalen gleich stehen.

Wie entstand der Mond?

Unser Mond entstand vor etwa 4,5 Milliarden Jahren. Eine der Theorien zur Entstehung des Mondes besagt, dass damals ein Himmelskörper von der Größe des Mars im Vorbeiflug mit unserer Erde zusammenstieß. Dabei wurden Teile der Erdkruste und Teile aus dem Mantel des anderen Himmelskörpers herausgerissen und in die Erdumlaufbahn geschleudert. Dort ballten sie sich zusammen und formten den Mond. Trotz dieser Erklärung erforschen die Wissenschaftler weiterhin den Mond, um eines Tages alle Fragen zu seiner Entstehung beantworten zu können.

Wie ist unser Erdmond beschaffen?

Monde sind Himmelskörper, die einen Planeten umkreisen. Der Jupiter hat zum Beispiel 16 Monde. Die Erde hat nur einen: den Erdmond. Auf seiner Oberfläche ragen Gebirgsketten in die Höhe. Es gibt außerdem Gräben und Rillen, große Ebenen aus erstarrter Lava und viele Krater. Früher hielt man die Krater für Meere. Heute wissen wir aber, dass es auf dem Mond keinen Tropfen Wasser gibt. Seine Oberfläche ist nahezu vollständig von einer trockenen aschgrauen Staubschicht bedeckt. Da der Mond keine Luftschicht hat,

Die Landschaften des Mondes kann man in klaren Nächten sogar von der Erde aus erkennen.

also nicht wie unsere Erde durch eine Atmosphäre geschützt ist, fallen alle kleinen und großen Himmelskörper, die den Mond treffen, direkt auf seine Oberfläche. Sie bilden Einschlaglöcher und lassen den Mond sehr zerfurcht aussehen.

Warum ist der Mond manchmal nur eine schmale Sichel?

Wenn du den Mond von der Erde aus betrachtest, nimmt er immer wieder eine andere Gestalt an. Mal siehst du ihn als Sichel, mal als vollen Kreis. Dies liegt an der Reise des Mondes um die Erde. Der Zyklus beginnt mit dem Neumond. Zu dieser Zeit steht der Mond zwischen der Erde und der Sonne, und die Seite des Mondes, die normalerweise der Sonne zugewandt ist, ist nicht beleuchtet und daher unsichtbar. Der Mond wandert dann um die Erde und ihn treffen mehr und mehr Sonnenstrahlen. Dadurch sehen wir vom Mond zunächst nur ein Stückchen: eine Sichel. Dieses Stückchen wird von Nacht zu Nacht größer, bis der Mond und die Sonne von der Erde aus in entgegengesetzter Richtung stehen. Dann ist Vollmond, der Mond wird von der Sonne angestrahlt und scheint als helle Kugel. Wandert der Mond nun weiter um die Erde herum, treffen ihn Nacht für Nacht weniger Strahlen. Das ist der abnehmende Mond, der wieder zur Sichel wird, so lange, bis wieder Neumond herrscht.

Unser Sonnensystem

Landschaften des Mondes

Schon im 17. Jahrhundert begann man, den unterschiedlichen Mondlandschaften Namen zu geben. Im Jahr 1651 veröffentlichte Giovanni Riccioli (1598–1671) eine Mondkarte, in der er die Landschaften in Mare (Meer), Montes (Gebirge) und Catena (Krater) unterteilte. Die Landschaften, die bei zunehmendem Mond zuerst von der Sonne beleuchtet wurden, bekamen besonders schöne Namen wie zum Beispiel „Meer der Stille".

Wieso können wir den Mond bei Neumond nicht sehen?

Bei Neumond steht der Mond zwischen Erde und Sonne und wir können ihn nicht sehen. Das veranschaulicht folgendes Experiment: Nimm einen Fußball und einen Tennisball und halte sie vor eine Lampe. Die Lampe ist die Sonne, der Fußball die Erde und der Tennisball ist der Mond. Nimm nun den Tennisball und halte ihn zwischen Lampe und Fußball, und zwar so, dass der Tennisball etwas höher steht als der Fußball. Siehst du, dass der Tennisball und auch der Fußball eine helle und eine dunkle Seite haben? Und wenn der Tennisball so zwischen Lampe und Fußball steht, dann wendet er dem Fußball seine dunkle Seite zu. Das heißt, wenn du jetzt auf dem Fußball stehen und nach oben sehen würdest, dann könntest du den Tennisball nicht sehen. Und genau so verhält es sich mit Sonne, Mond und Erde bei Neumond.

Gibt es auf dem Mond Meere?

Ja, auch auf dem Mond gibt es Meere, allerdings keine, in denen sich bunte Fischschwärme tummeln und Delfine springen. Die Meere auf dem Mond sind ausgesprochen trocken und staubig. Es sind große dunkle Krater, die „Mare" genannt werden. Das ist lateinisch und bedeutet „Meer", denn von der Erde aus erschienen die Krater wie Meere. Als die ersten Astronauten auf dem Mond landeten, kamen sie im „Meer der Stille" an.

Ein Mondkrater

Warum hat der Mond so viele Krater?

Auf dem Mond sind deshalb so viele Krater, große wie kleine, weil bereits zahlreiche Meteoriten auf ihm eingeschlagen sind. Da der Mond keine schützende Atmosphäre wie unsere Erde hat, können diese Brocken ungehindert auf den Mond prallen. Sie verglühen nicht in der Atmosphäre und hinterlassen so ihre Spuren auf unserem Erdmond.

Was misst der größte Meteorkrater des Mondes?

Die Größe der Mondkrater reicht von mehreren Kilometern Durchmesser bis hin zu wenigen Mikrometern. Diese winzigen Krater sind sogar nur unter einem Mikroskop sichtbar. Mit irdischen Teleskopen kann man allein auf der Vorderseite des Mondes mehr als 40.000 Krater mit über 100 Metern Durchmesser erkennen. Auf der Rückseite gibt es jedoch noch viele mehr. Der größte bislang bekannte Einschlagkrater auf dem Mond und in unserem Sonnensystem ist mit 2240 Kilometern Durchmesser das sogenannte Südpol-Aitken-Becken.

Was ist eine Mondfinsternis?

Manchmal können wir in den Abendstunden bei klarem Himmel ein faszinierendes Schauspiel beobachten: Der Vollmond verschwindet ganz oder zum Teil aus unserem Sichtfeld. Das passiert, weil der Mond nicht ununterbrochen ein Stück über der Erde kreist. Manchmal stehen Sonne, Erde und Mond so zueinander, dass sie fast eine Linie bilden. Der Mond steigt dann zwar als Vollmond auf, doch dann gerät er in den Schatten der Erde, die direkt vor der Sonne steht. Je tiefer der Mond in den Erdschatten eintaucht, desto dunkler wird er. Schließlich

Kasten für Besser-Wisser

Der zweitgrößte Krater in unserem Sonnensystem ist mit 2100 Kilometern Durchmesser der Hellas Planitia auf dem Mars. Übersetzt nennt man ihn auch Hellas-Einschlagbecken, wobei „Hellas" ein anderer Name für Griechenland ist. Wenn auf dem Mars Winter ist und der Krater mit Frost überzogen ist, kannst du den Hellas Planitia sogar mit einem Teleskop von der Erde aus erkennen.

schimmert er nur noch schwach rötlich und es herrscht eine Mondfinsternis. Dann wandert der Mond wieder aus dem Erdschatten heraus und zieht völlig unbeeindruckt seine Bahn als Vollmond weiter.

Was ist ein Asteroid?

Asteroiden sind übrig gebliebene Planetenbausteine aus der Anfangszeit unseres Sonnensystems, die sich nie zu einem größeren Körper zusammenfügen konnten. Sie werden manchmal auch „Kleinplanet" oder „Planetoid" genannt. Bislang sind 358.847 Asteroiden bekannt, aber es gibt vermutlich mehrere Millionen von ihnen. Die meisten Asteroiden umkreisen die Sonne in einem Gebiet zwischen Mars und Jupiter. Ein Asteroid kann übrigens von der Anziehungskraft eines Planeten aus seiner Bahn gezogen werden.

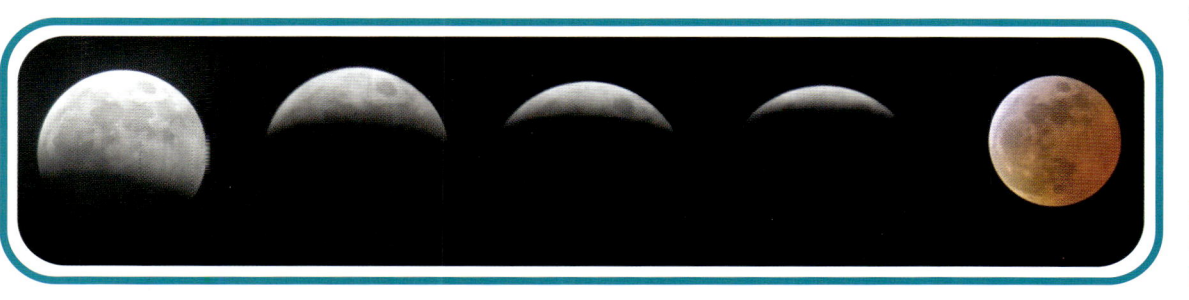

Phasenweiser Verlauf einer totalen Mondfinsternis

Unser Sonnensystem

Wo ist der Asteroidengürtel?

Der Asteroidengürtel ist nicht etwa durch die Schlaufen deiner Hose gezogen, sondern befindet sich zwischen den Umlaufbahnen von Mars und Jupiter. Zehntausende felsiger Asteroiden kreisen dort umher. Die Größe dieser Himmelskörper bewegt sich zwischen nur wenigen Zentimetern und mehreren Hundert Kilometern. Aber nicht alle Asteroiden gehören zu diesem Gürtel, es gibt außerdem zwei kleinere Asteroidenfamilien, die man Trojaner nennt. Manche Asteroiden kreuzen die Umlaufbahn der Erde und heißen daher auch „Erd-Crosser".

Muss ich Angst vor Asteroiden haben?

Der 500 Meter lange Asteroid Itokawa

Asteroiden, die der Erde sehr nahe kommen, das heißt näher als etwa 7,5 Millionen Kilometer, und dabei größer als 150 Meter sind, könnten ihr schon gefährlich werden. Allerdings gibt es fast täglich kleinere Einschläge auf der Erde, die wir gar nicht bemerken. Das liegt daran, dass die kleineren kosmischen Brocken beim Eintritt in unsere Erdatmosphäre verglühen und nur als feiner Staub auf die Erde rieseln. Größere Stücke können die Erdatmosphäre jedoch durchdringen und schlagen dann als Meteorit auf der Erde auf. Allerdings sind solche Fälle zum Glück sehr selten und nur ungefähr einmal in 100.000 Jahren zu erwarten.

Wie unterscheiden sich Meteoriten von Asteroiden?

Die Meteoriten sind kleine Asteroidenbruchstücke, welche die Erdatmosphäre durchdrungen und es bis auf den Erdboden geschafft haben, wo sie aufgeschlagen sind. Sie kommen aus dem All, finden kann man sie allerdings nur auf der Erde. Manchmal sind auch kleine Stücke vom Mond dabei, allerdings nur sehr selten.

Was haben die Dinosaurier mit Meteoriten zu tun?

Ein Asteroid kann auch schon einmal mit einem Planeten zusammenstoßen. Durch den Einschlag der abgeschlagenen Asteroidenteile auf der Erde, den Meteoriten, entsteht dann ein Einschlagkrater. Einige Wissenschaftler glauben, dass durch einen solchen Einschlag auf der Yucatán-Halbinsel in Mexiko eine Reihe von Ereignissen ausgelöst wurde, die zum Aussterben der Dinosaurier führten. Das war vor 65 Millionen Jahren. Durch die riesige Staubwolke, die der Einschlag bewirkte, konnte kein Sonnenlicht mehr zur Erde vordringen und die Tiere starben, wie man annimmt, aus diesem Grund aus.

Der Grund für das Aussterben der Dinosaurier ist nicht eindeutig geklärt.

Wo liegt der größte auf der Erde gefundene Meteorit?

Der größte und schwerste bisher bekannte Meteorit wurde 1920 in Afrika gefunden. Er ist auf dem Gelände der Farm Hoba, die 24 Kilometer entfernt von Grootfontein in Namibia liegt, eine ganz besondere Sehenswürdigkeit. Der Meteorit ist drei Meter lang, drei Meter breit und mehr als 50 Tonnen schwer. Der Hoba-Meteorit schlug vor etwa 80.000 Jahren auf die Erde auf und befindet sich noch immer an der ursprünglichen Stelle seines Einschlags. Er gehört wie die meisten großen Exemplare zum Typ der Eisenmeteorite und besteht zu 82 Prozent aus Eisen, zu 16 Prozent aus Nickel, zu einem Prozent aus Kobalt sowie aus verschiedenen Spurenelementen.

Der größte bisher gefundene Meteorit liegt auf der Farm Hoba in Namibia.

Was sind Planetoiden?

„Planetoid" ist ein anderer Begriff für Asteroid. Das Wort kommt aus dem Griechischen und bedeutet übersetzt „planetenähnliches Objekt". Manchmal werden die Asteroiden aber auch einfach als „Kleinplaneten" bezeichnet.

Welche Planeten gehören zu unserem Sonnensystem?

Zu unserem Sonnensystem gehören acht Planeten: die Erde, der Mars, der Merkur, der Uranus, die Venus, der Jupiter, der Neptun und der Saturn. Der Begriff „Planet" kommt aus dem Griechischen und bedeutet „Wanderer". Dieser Name wurde gewählt, weil die Planeten auf festen Bahnen um die Sonne kreisen. Der Planet, der der Sonne am nächsten ist, ist der Merkur. Der größte Planet unseres Sonnensystems ist der Jupiter. Bis vor Kurzem zählten noch neun Planeten zu unserem Sonnensystem, denn auch der Himmelskörper Pluto wurde den Planeten zugerechnet. Mittlerweile gilt Pluto aber nur noch als Zwergplanet.

Wann entstanden unsere Planeten?

Die Planeten und andere Himmelskörper bildeten sich vor etwa 4,6 Milliarden Jahren aus dem Material, das bei der Entstehung der Sonne übrig geblieben war. Die Sonne war von einer Wolke aus Gasen wie Wasserstoff und Helium sowie von Staub aus Eisen, Gestein und Eis umgeben. Diese Nebelwolke flachte sich allmählich zu einer rotierenden Scheibe ab und der Staub sammelte sich zu festen Klumpen, aus denen sich dann Merkur, Venus, Erde und Mars bildeten. Weiter außen wurden Eis, Staub und gasförmige Materie zu den Planeten Jupiter, Saturn, Uranus und Neptun verbunden.

Wer läuft auf der Umlaufbahn?

Die Planeten laufen auf ihren Umlaufbahnen um die Sonne und der Mond läuft auf seiner Bahn um

Unser Sonnensystem

die Erde herum. Viele Satelliten, die dafür sorgen, dass wir einen guten Fernsehempfang haben und nach Amerika telefonieren können oder dass das Navigationssystem im Auto funktioniert, laufen ebenfalls auf Umlaufbahnen um unsere Erde.

Was ist eine Umlaufbahn?

Alle Planeten unseres Sonnensystems umkreisen auf einer festgelegten Bahn, der Umlaufbahn, die Sonne. Sie tun das aber in unterschiedlichen Geschwindigkeiten und in verschiedenen Abständen zur Sonne. Auch Satelliten, wie Planetenmonde oder aber auch Raumflugkörper, umkreisen unsere Erde auf einer festen Umlaufbahn.

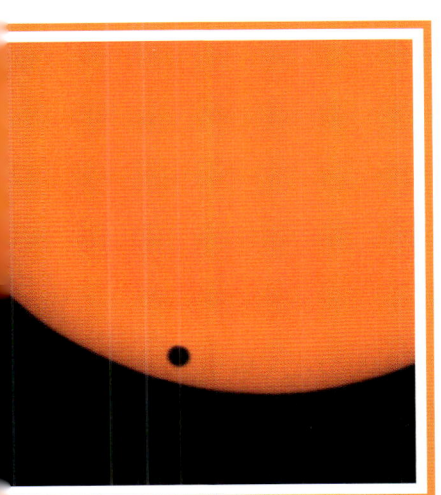

Die Venus (unten klein) auf ihrer Bahn um die Sonne

Warum ist die Erde ein so besonderer Planet?

Bisher wurde im ganzen Weltraum kein anderer Planet gefunden, auf dem Leben existiert. Deshalb ist die Erde so wunderbar und einzigartig. Sie hat einen idealen Abstand zur Sonne, sodass es auf ihr nie zu heiß oder zu kalt wird. Den lebensnotwendigen Sauerstoff in der Luft verdanken wir den Pflanzen. Auf der Erde gibt es zudem viel Wasser. Gute 70 Prozent unseres blauen Planeten sind nämlich Meere.

Woher haben die Planeten ihre Namen?

Die Erde bekam ihren Namen von den Germanen. Alle anderen Planeten in unserem Sonnensystem erhielten ihre Namen aus der griechisch-römischen Mythologie. Mars ist dort der Gott des Krieges. Der gleichnamige Planet erhielt seinen Namen wohl wegen seiner roten Farbe. Merkur ist der Gott des Handels und der Planet wurde vermutlich nach diesem Gott benannt, weil er sich so schnell am Himmel fortbewegt. Venus ist die Göttin der Liebe und Schönheit, der Planet mit ihrem Namen scheint am hellsten und ist einfach hübsch anzusehen. Der Planet Neptun hat eine blaue Farbe und trägt daher den Namen des Meeresgottes. Uranus schließlich wurde nach dem Gott des Himmels benannt und der Planet Saturn ist der Namensvetter des Gottes der Landwirtschaft.

Der Planet Venus wurde nach der römischen Göttin der Schönheit benannt.

Königsstern Jupiter

Die frühen Astronomen benannten Jupiter nach dem obersten Gott der alten Römer. Aber als sie ihm den Namen gaben, konnten sie noch nicht gewusst haben, dass er der größte Planet ist. Der Grund für seinen majestätischen Namen war wahrscheinlich, dass er wegen seiner Helligkeit als „Königsstern" galt.

Wann wurden die Planeten entdeckt?

Einige Planeten waren bereits in der Antike bekannt. Merkur, Jupiter, Saturn und Venus sind nämlich mit bloßem Auge sichtbar. Sie leuchten am Nachthimmel heller als die meisten Sterne. Und so konnten bereits die Griechen sie ohne wissenschaftliche Instrumente zur Weltraumbeobachtung erkennen. Erst als die Fernrohre immer leistungsstärker wurden, haben die Astronomen auch die Planeten gefunden, die am weitesten von der Sonne und der Erde entfernt sind. So wurde Uranus im Jahr 1690 entdeckt und zunächst fälschlicherweise als Stern bezeichnet. Doch 1781 identifizierte ihn der Astronom Wilhelm Herschel (1738—1822) als Planet. Als letzter Planet wurde schließlich Neptun entdeckt, das war im Jahr 1846.

Wilhelm Herschel, im Hintergrund sein Teleskop, entdeckte den Planeten Uranus.

Was sind die inneren Planeten?

Die inneren Planeten sind Merkur, Venus, Erde und Mars. Sie werden unter diesem Namen zusammengefasst, da sie der Sonne am nächsten stehen. Alle vier sind vergleichsweise kleine, aber schwere Planeten. Sie bestehen aus Stein und Metall und haben geformte Landschaften. Merkur ist der kleinste Planet und sieht sehr kahl aus. Im Innern hat er einen harten Kern aus Eisen und einem Metall, das Nickel heißt. Darüber liegt ein Mantel aus Gestein und seine Oberfläche wird von einer leichten Kruste bedeckt. Die Venus ist wie die Erde von einer dichten Luftschicht mit vielen Wolken umgeben. Allerdings gibt es auf der Venus überhaupt keinen Sauerstoff. Die Erde ist von der Sonne aus gesehen der dritte Planet. Sie besteht aus verschiedenen Schalen und hat im Innersten einen glühenden Kern. Der Mars ist unser Nachbarplanet und wird wegen seiner roten Farbe auch oft der „Rote Planet" genannt.

Und was sind die äußeren Planeten?

Um die vier inneren Planeten kreisen die vier äußeren Planeten Jupiter, Saturn, Uranus und Neptun. Sie haben keine Oberfläche aus Stein und Metallen und sind zudem größer als die inneren Planeten. Der riesengroße, gelb scheinende Jupiter ist fünfmal so weit von der Sonne entfernt wie die Erde. Er hat einen dichten Kern aus zusammengedrücktem Gas und eine sehr kalte Oberfläche, über der eine Schicht aus Wolken liegt. Der Saturn ist nur etwas kleiner als der Jupiter und ähnlich aufgebaut. Das Auffallendste am Saturn sind seine Ringe. Sie bestehen aus Eis, Felsbrocken und Staub. Uranus ist noch ein bisschen kleiner und aus Gasen, Eis und einem kleinen Gesteinskern zusammengesetzt. Der kleinste dieser vier Planeten ist Neptun. Er ist der äußerste Planet unseres Sonnensystems und besteht ebenfalls aus Gas, Eis und einem felsigen Kern.

Unser Sonnensystem

Welche Planeten sind unserer Erde am nächsten?

Unsere beiden Nachbarplaneten sind die Venus und der Mars. Wobei „Nachbar" hier leider nicht heißt, dass wir mal eben auf einen Kaffee vorbeifliegen könnten. Die Entfernung zwischen Erde und Mars sowie Erde und Venus ist nicht immer gleich. Je nachdem, wo die Planeten gerade ihre Bahnen ziehen, schwankt der Abstand von Erde und Mars etwa zwischen 56 und 401 Millionen Kilometern. Am größten ist der

Der erdnahe und sehr helle Planet Mars

Abstand, wenn Erde und Mars auf den der Sonne gegenüberliegenden Seiten stehen. Die Venus ist zwischen 38,3 Millionen Kilometer und 260 Millionen Kilometer weit von der Erde entfernt.

Welcher Planet ist der Sonne am nächsten?

Schon die Sumerer im dritten Jahrtausend vor Christus kannten den Planeten Merkur. Er ist der Planet, der während seines Umlaufs der Sonne am nächsten kommt. Er ist dann nur noch 46 Millionen Kilometer von ihr entfernt. Seine größte Entfernung zur Sonne beträgt 70 Millionen Kilometer, was auch noch ziemlich nah ist und so wird es auf ihm tagsüber ganz schön heiß. Außerdem scheint der Merkur zu taumeln, was aber nicht an der täglichen Hitze liegt, sondern vermutlich daran, dass sein Kern flüssig ist. Wissenschaftler forschen allerdings noch an dieser Frage und erhoffen sich weitere Erkenntnisse von der Raumsonde Messenger. Auch der Merkur besitzt eine Atmosphäre — sie ist allerdings sehr dünn und wird ständig vom Sonnenwind aus der sehr stark zerklüfteten Oberfläche des Merkurs herausgeblasen.

Welcher Planet ist am weitesten von der Erde entfernt?

Bis ins Jahr 2006 war umstritten, ob Neptun oder Pluto die größere Entfernung zur Erde hat. Weil Plutos Umlaufbahn so stark geneigt ist, kreuzt sie manchmal die Umlaufbahn Neptuns. Deshalb galt ab 1979 Neptun als der Planet, der am weitesten von der Erde entfernt ist, ab Februar 1999 dann wieder Pluto. Da Pluto jedoch seit 2006 offiziell nicht mehr zu den Planeten zählt, ist es nun wieder und jetzt auch endgültig Neptun, der diesen Rekord für sich beanspruchen kann.

Welcher Planet hat die größte Entfernung zur Sonne?

Neptun ist von der Sonne aus gesehen der achte und äußerste Planet. Er ist mit einem Durchmesser von fast 50.000 Kilometern am Äquator der viertgrößte Planet im Sonnensystem. Mit maximal 4537 Millionen Kilometern hat er den größten Abstand zur Sonne. Neptun ist ein Gasplanet, an dessen Oberfläche Methan gefriert, was den Planeten auch so blau erscheinen lässt. Wahrscheinlich besitzt er aber einen kleinen Kern aus felsigem Material. Wer ganz genau weiß, wo er suchen muss, kann die Scheibe des Neptun am Nachthimmel mit einem Feldstecher erkennen. Aber das ist schon eine wirkliche Herausforderung an einen geduldigen Forschergeist! Schaffst du es?

Wie lange brauchen die Planeten, um die Sonne zu umkreisen?

Jeder Planet benötigt seine ganz eigene Zeit, um die Sonne zu umkreisen. Unsere Erde kreist in 365 Tagen einmal um die Sonne. Und unser Nachbarplanet Venus läuft in 225 Erdentagen um sie herum. Der Mars dagegen braucht schon 687 Erdentage, um die

Der Saturn braucht 29 Jahre, um die Sonne zu umkreisen.

Sonne zu umrunden. Der Jupiter ist sogar elf Jahre und 316 Tage unterwegs und Saturn umkreist sie in 29 Jahren, sieben Monaten und 20 Tagen. Der Uranus schließlich benötigt sage und schreibe 84 Jahre, um die Sonne einmal zu umkreisen.

Welcher Planet braucht für einen Sonnenumlauf am längsten?

Der Planet, der am längsten unterwegs ist, um die Sonne einmal zu umrunden, ist Neptun. Er lässt sich über 164 Jahre Zeit, um am Rand des Planetensystems die Sonne einmal zu umkreisen. Dafür benötigt er aber, um sich einmal um sich selbst zu drehen, nur 18 Stunden und zwölf Minuten, also fast sechs Stunden weniger als unsere Erde.

Welcher Planet umkreist die Sonne am schnellsten?

Der Planet, der unserer Sonne am nächsten steht, ist auch der schnellste auf seiner Umlaufbahn: Der kleine Merkur braucht nur etwa ein viertel Jahr für eine Umrundung der Sonne, also ungefähr 90

Unser Sonnensystem

Tage. Der kleine schwere Merkur sieht genauso kahl aus wie der Mond, und da es auch auf ihm keine schützende Gasschicht gibt, ist er ebenso wie unser Mond von Einschlägen zernarbt.

Welcher Planet dreht sich am langsams- ten um sich selbst?

Jeder der acht Planeten dreht sich nicht nur auf einer Bahn um die Sonne, alle drehen sich noch zusätzlich um sich selbst. Die Erde benötigt für eine Umdrehung 24 Stunden, also einen Tag und eine Nacht. Die langsamste und merkwürdigste Rotation besitzt die Venus. Auf ihr sind Jahr und Tag fast gleich lang: Sie braucht 225 Erdentage, um sich einmal um die Sonne zu drehen, das wäre dann auf der Venus ein Jahr, und gleichzeitig braucht sie 243 Erdentage, um sich einmal um sich selbst zu drehen, das wäre dann auf der Venus ein Tag. Außerdem dreht sie sich im Gegensatz zu den meisten anderen Planeten nicht gegen, sondern im Uhrzeigersinn um sich selbst. Das kommt daher, dass sie — wahrscheinlich durch eine gewaltige Kollision — regelrecht umgekippt ist.

Welcher Planet dreht sich am schnellsten um sich selbst?

Am schnellsten dreht sich der riesengroße Jupiter um sich selbst: Er benötigt nur gut neun Stunden, um einmal um seine eigene Achse zu rotieren. Das bedeutet, ein Tag auf dem Jupiter dauert nicht einmal halb so lang wie ein Tag auf der Erde.

Welcher Planet hat die höchste Oberflächen- temperatur?

Wie die Erde besitzt auch die Venus eine Atmosphäre. Diese enthält jedoch keinen Sauerstoff, sondern Kohlendioxid und mehrere Kilometer dicke Schichten aus Schwefelsäuredampf. Dadurch ist ein unkontrollierbarer Treibhauseffekt mit Oberflächentemperaturen von ungefähr 480 Grad Celsius entstanden. Diese Temperatur würde sogar ausreichen, um Blei zu schmelzen!

Welcher Planet hat eine niedrige Atmosphä- rentemperatur?

Auf dem Saturn ist es schon ziemlich kalt. Er hat eine Temperatur von minus 176 Grad Celsius und ist damit noch um einige Grade kühler als der Mars, auf dem es minus 168 Grad kalt ist. Saturn ist nach Jupiter der größte Planet und wie dieser ein Gasriese ohne feste Oberfläche, der vor allem aus Wasserstoff und Helium besteht. Trotzdem wiegt Saturn kaum ein Drittel dessen, was Jupiter wiegt. Das liegt daran, dass er nur eine geringe Dichte aufweist.

Der rasante Planet Jupiter

Welcher Planet hat die größten Temperatur- schwankungen?

Die täglichen Temperaturabweichungen auf dem Merkur sind die extremsten im ganzen Sonnensystem. Sie reichen von ungefähr minus 180 Grad bis plus 430 Grad Celsius. Die Temperatur auf der Venus ist zwar höher, dafür aber sehr stabil. Die Temperaturunterschiede auf dem Merkur erklären sich dadurch, dass er sich als sonnennächster Planet tagsüber extrem aufheizt und nachts, wenn er der Sonne den Rücken kehrt, sofort auskühlt.

Wie sieht es auf der Venus aus?

Die Venus läuft als dritter Planet auf einer fast kreisrunden Bahn um die Sonne. Sie ist im Schnitt 108 Millionen Kilometer von unserem Zentralgestirn, also der Sonne, entfernt und hat einen Durchmesser von mehr als 12.000 Kilometern am Äquator. Obwohl sie in einigen Punkten der Erde ähnelt, ist sie leider völlig unbewohnbar.

Ist der Mars grün?

Man könnte es fast annehmen, da wir ja aus Büchern und Filmen die grünen Marsmännchen kennen. Aber der Mars ist nicht grün, sondern rot, und wenn du am Nachthimmel einen hellen roten Stern siehst, könnte dies der Planet Mars sein. Seine charakteristische rote Färbung verdankt er dem eisenhaltigen Staub und Gestein. Der Mars hat eine sehr dünne Atmosphäre, darum können wir meist direkt auf seine Oberfläche blicken. Diese gleicht einer riesigen gefrorenen Felswüste, die mit gewaltigen Vulkanen durchsetzt ist. Mons Olympus ist der größte Vulkan in unserem Sonnensystem — er ist 600 Kilometer breit und etwa 24 Kilometer hoch. Außerdem durchzieht den Mars eine riesige Schlucht, die 4500 Kilometer lange und acht Kilometer tiefe Valles Marineris.

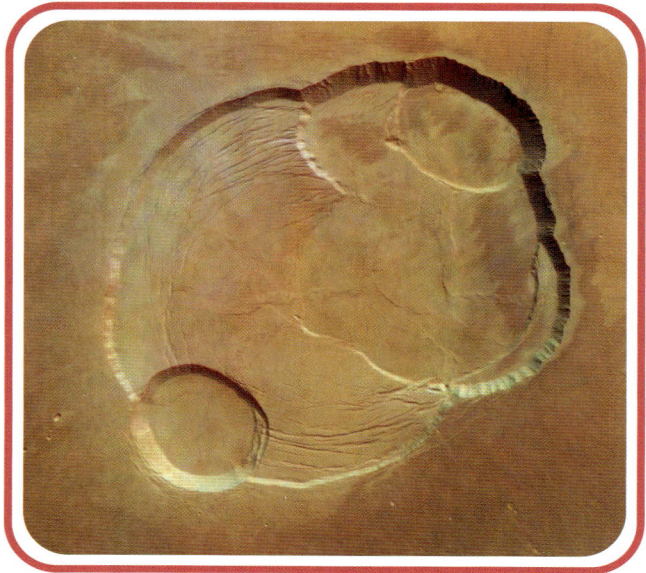

Der Gipfelkrater des Mons Olympus, des größten Vulkans auf dem Mars

Gibt es Leben auf dem Mars?

Die Vorstellung, dass es auf dem Mars Leben geben könnte, hat die Menschen schon immer fasziniert, und Bilder von Marsmännchen geistern schon lang durch unsere Köpfe. Der Mars interessiert uns ganz besonders und Forscher schicken seit über 40 Jahren Raumsonden zum Mars, um herauszufinden, wie der Planet wirklich aussieht. Viele Sonden umkreisen den Mars, andere landeten auf ihm. Ferngesteuerte Marsautos konnten sogar das Gelände erkunden. Es gibt inzwischen detaillierte Karten und Bilder von der Marsoberfläche und man untersuchte Gesteine nach Spuren von Leben, fand aber bisher keine Hinweise darauf.

Unser Sonnensystem

Was ist am Mars so besonders?

Der letzte der vier inneren, also der sonnennahen Planeten ist der Mars. Auf und unter seiner Oberfläche ist viel Eisen enthalten. Daher rostet der Planet im wahrsten Sinn des Wortes und sieht rot aus. Wahrscheinlich gab es auf dem Mars einmal Wasser. Noch heute finden sich auf seiner Oberfläche Gebiete, die wie Flusstäler aussehen. Inzwischen haben die Wissenschaftler tatsächlich Wassereis auf dem Mars entdeckt. Ansonsten gibt es auf dem Mars nur kahle Landschaften, aber auch Staub und Dünen. Sogar richtige Staubstürme toben auf unserem Nachbarplaneten.

Welches ist der kleinste Planet?

Der Merkur ist der kleinste Planet des Sonnensystems. Früher, als er noch zu den Planeten zählte, galt der Pluto als der kleinste. Pluto hat einen

Stichwort Pluto

Über den fernen Pluto wissen wir am wenigsten. Die große Entfernung und seine geringe Größe erschweren die Beobachtung. Pluto ist anders aufgebaut als die Planeten. Seine Oberfläche aus gefrorenem Methan bedeckt wahrscheinlich eine darunterliegende Schicht aus Wassereis. Wenn Pluto der Sonne am nächsten ist, erwärmt er sich auf minus 212 Grad Celsius! Brrr, immer noch recht kühl!

Durchmesser von 2270 Kilometern und Merkur von 4880 Kilometern. Obwohl beide Gesteinskugeln sind, unterscheiden sie sich doch sehr voneinander. Merkur ist der Sonne am nächsten und tagsüber unvorstellbar heiß. Er umkreist die Sonne in etwa 90 Tagen am schnellsten und dreht sich in nur 59 Tagen um die eigene Achse.

Die zerklüftete Oberfläche des Merkur

Wo versteckt sich der Merkur?

Der Merkur versteckt sich nicht wirklich, er ist nur schwer zu beobachten, weil er sich nie weit von der Sonne entfernt. Seine der Sonne zugewandte Seite wird bis zu 450 Grad Celsius heiß. Nachts aber geht die Temperatur auf minus 180 Grad Celsius zurück, weil die Atmosphäre des Merkur viel zu dünn ist, um die Wärme zu halten. Merkur und der Erdmond sind sich sehr ähnlich. Da beide von zahlreichen Meteoriten getroffen wurden, haben sie eine von Kratern überzogene Oberfläche. Im Januar 2008 traf die amerikanische Raumsonde Messenger dort ein und sendete im Vorbeiflug spektakuläre Bilder zur Erde.

Warum zählt Pluto nicht mehr zu den Planeten?

Früher gab es mit Pluto neun Planeten in unserem Sonnensystem. Da aber einige andere Himmelskörper in unserem Sonnensystem gefunden wurden, die Pluto sehr ähnlich sind, mussten die Wissenschaftler sich überlegen, diesen Neuentdeckungen entweder den Titel „Planet" zu verleihen oder aber den armen Pluto nicht mehr als Planeten zu betrachten. Man entschied sich dann dafür, Pluto den Trosttitel „Zwergplanet" zu geben. Ohne Pluto gibt es nur noch acht Planeten.

Wann wurde Pluto entdeckt?

Pluto wurde 1930 von Clyde W. Tombaugh (1906—1997) entdeckt und ist nach dem griechischen Gott der Unterwelt benannt. Am 13. März 1930 wurde die Entdeckung des damals noch neunten Planeten bekannt gegeben. Venetia Burney, ein elfjähriges Mädchen aus Oxford, schlug den Namen Pluto für die Neuentdeckung vor. Vielleicht hat sie dabei an Walt Disneys Pluto gedacht?

Wurde der Planet nach Walt Disneys Pluto benannt oder umgekehrt?

Welche Planeten sind von Ringen umgeben?

Die vier größten Planeten im Sonnensystem sind Jupiter, Saturn, Uranus und Neptun. Sie haben einiges gemeinsam. Sie sind alle ferne, farbige und kalte Planeten, deren äußere Schichten aus Gasen aufgebaut sind. Sie bestehen hauptsächlich aus Wasserstoff, aber ihre besondere Färbung verdanken sie anderen Elementen. Und jeder von ihnen ist von Ringen umgeben. Die Ringe aller vier Planeten bestehen aus Milliarden von winzigen Felsbrocken, die um die Planeten kreisen.

Auf welchem Planeten tobt seit 300 Jahren ein Sturm?

Die Gashülle des Jupiter setzt sich überwiegend aus Wasserstoff und Helium zusammen. Die dunklen und hellen Streifen, die du beim Jupiter deutlich erkennen kannst, sind Bänder und Zonen in der Atmosphäre, in denen die Gase aufsteigen und wieder absinken. Diese Zonen bewegen sich unterschiedlich schnell, weswegen es hier oft zu heftigen Stürmen kommt. Einer davon tobt bereits seit über 300 Jahren auf dem Jupiter. Dieser Sturm wird der „Große Rote Fleck" genannt.

Welches ist der größte Planet unseres Sonnensystems?

Der größte Planet unseres Sonnensystems ist Jupiter, ein sogenannter kalter Riese, der größer und

Unser Sonnensystem

schwerer ist als alle anderen Planeten zusammen. Er hat einen Durchmesser von knapp 143.000 Kilometern. Damit ist Jupiter zehnmal so groß wie die Erde und mit 780 Millionen Kilometern fünfmal so weit von der Sonne entfernt. Er ist im Gegensatz zur Erde, die aus einem Gesteinskern besteht, nur aus einem dichten Kern aus zusammengedrücktem Gas aufgebaut, was seine enorme Größe erklärt.

Schrumpft der „Königsstern"?

Der oberste Gott der alten Römer war Jupiter und nach ihm ist auch der Planet Jupiter benannt. Ein hoheitsvoller Name für den schrumpfenden Gasriesen. Denn Jupiter wird kleiner, und der Grund hierfür ist seine große Schwerkraft. Durch sie zieht sich die Gashülle des Planeten zusammen und der Druck steigt an. Die dabei entstehende Energie wird zu einem Teil in Wärme umgewandelt und strahlt in den Weltraum. Deshalb schrumpft der Jupiter jedes Jahr um mehrere Zentimeter. Inzwischen hat er „nur" noch einen Durchmesser von 142.984 Kilometern.

Wie sieht der Jupiter aus?

Jupiter ist der größte Planet des Sonnensystems, seine Masse ist dreimal so groß wie die der anderen sieben Planeten zusammen. Obwohl Jupiter hauptsächlich aus Gasen besteht, herrscht auf ihm eine ungeheure Schwerkraft und damit ein sehr hoher Druck. Seine Atmosphäre besteht aus Wasserstoff, Ammoniak und Methan. In ihr gibt es eiskalte Wirbelstürme. Auf Jupiters Oberfläche herrscht eine Temperatur von bis zu minus 140

Grad Celsius, aber in seinem Kern ist es 30.000 Grad Celsius heiß. Im Jahre 1979 fand die Raumsonde Voyager 1 heraus, dass der Jupiter von einem schmalen Ring aus Gesteins- und Eisteilchen umgeben ist. Die Raumsonde Galileo war bei der Erkundung des Planeten am erfolgreichsten. Sie erreichte Jupiter 1995 und umkreiste ihn und seine Monde acht Jahre lang.

Atmosphäre des Planeten Jupiter, aufgenommen mit dem Hubble-Weltraumteleskop

Wie viele Ringe schmücken den Saturn?

Saturn ist von der Sonne aus gesehen der sechste Planet. Das Auffallendste an ihm sind seine Ringe. Diese erkannte der Naturforscher Christiaan Huygens (1629—1695) vor über 300 Jahren als Erster. Von der Erde aus hat es den Anschein, als sei der Saturn von drei Ringen umgeben. Doch die Raumsonde Voyager 2 entdeckte, dass jeder dieser Ringe aus Tausenden von sehr schmalen Bändern besteht. Der Saturnring als Ganzes erstreckt sich über 400.000 Kilometer ins Weltall und ist nur wenige Hundert Meter dick.

Welcher Planet hat die meisten Monde?

Saturn ist einer der Rekordhalter, was die Anzahl seiner bekannten Monde betrifft. Insgesamt 56 Monde entdeckte man inzwischen, davon haben bisher 52 einen Namen erhalten. Einige wurden von der Erde aus entdeckt, andere wurden durch die Raumsonden im All aufgefunden. Als erster Mond wurde 1655 Titan entdeckt. Die zwei letzten Monde, deren Entdeckung 2007 bekannt gegeben wurde, heißen Tarqeq und Anthe.

Die Illustration zeigt die Oberfläche des Saturnmonds Titan.

Kann ich Uranus von der Erde aus sehen?

Von der Erde aus erscheint der Uranus auch mit den besten Teleskopen nur als winziges blaugrünes Lichtscheibchen. Die Färbung entsteht, weil das Methan in seiner Atmosphäre das Blau und Grün des Sonnenlichts reflektiert. Die äußeren Schichten des Planeten setzen sich aus gasförmigem Wasserstoff und Helium zusammen. Darunter liegt eine Schicht aus gefrorenem und flüssigem Wasser, Ammoniak und Methan. Das Innere von Uranus bildet ein Gesteinskern. Der

Stichwort Uranus

Uranus, der 1781 vom Astronomen Wilhelm Herschel (1738—1822) entdeckt wurde, ist nach dem griechischen Gott des Himmels benannt. Sein Durchmesser ist mehr als viermal so groß wie der Durchmesser der Erde. Er umkreist die Sonne in 84 Jahren und dreht sich in 17,9 Stunden um die eigene Achse. Die Drehachse der meisten Planeten ist gegen ihre Umlaufbahn leicht gekippt. Der Uranus liegt aber völlig auf der Seite, was bedeutet, dass die Drehachse fast in der Bahnebene liegt. Das ist einzigartig im Sonnensystem.

kalte Gasplanet wird von 15 Monden und mindestens elf dünnen schwarzen Ringen umkreist.

Warum ist es auf dem Uranus so kalt?

Uranus liegt doppelt so weit von der Sonne entfernt wie der Saturn. Auf ihm wird es nie wärmer als minus 209 Grad Celsius, denn der Planet erhält von der Sonne 370-mal weniger Wärme als die Erde. Es ist kaum vorstellbar, aber selbst der dickste Mantel hilft bei dieser Eiseskälte nicht mehr.

Wie sieht es auf dem Neptun aus?

Neptun ist der kleinste der vier Gasplaneten und über vier Milliarden Kilometer von der Sonne entfernt. Er wurde nach dem römischen Gott der

Unser Sonnensystem

Meere benannt. Helle und dunkle Wolken aus Wasserstoff, Helium und Methan ziehen über ihn hinweg. Ein riesiges Wolkensystem, der „Große Dunkle Fleck", wurde auf Neptuns Oberfläche 1989 von Voyager 2 entdeckt. Doch dieses war verschwunden, als nur fünf Jahre später das Hubble-Weltraumteleskop auf den Planeten gerichtet wurde. Der Kern des Neptun besteht vermutlich aus Gesteinen. Darüber liegt ein Mantel aus Wasser, Ammoniak und Methan in gefrorenem und flüssigem Zustand. Das Methan in seiner Atmosphäre verleiht Neptun seine tiefblaue Farbe.

Wo ist der kälteste Ort in unserem Sonnensystem?

Der Planet Neptun wurde 1846 entdeckt und besitzt viele dünne Ringe, die von der Erde aus kaum zu sehen sind. Deshalb wurden sie auch erst 1984 entdeckt. Neptun hat außerdem acht Monde, von denen Triton, der größte von ihnen, von Eis bedeckt ist. Triton ist der kälteste Ort im Sonnensystem, die tiefste dort gemessene Temperatur liegt bei minus 236 Grad Celsius.

Der Neptunmond Triton ist der kälteste Ort im Sonnensystem.

Wo gibt es rosa Schnee?

Rosa Schnee? Was für ein Quatsch! Den kann ja dann nur jemand eingefärbt haben, oder? Nicht ganz, denn am Nord- und Südpol des Neptun gibt es gefrorenen Stickstoff, der wie rosafarbener Schnee aussieht. Auch die Polkappen von Triton, einem der Monde des Planeten Neptun, sehen wie rosa beschneit aus.

Was sind eigentlich Nordlichter?

Nordlichter über Norwegen

Polarlichter oder auch Nordlichter funkeln in Grün, Gelb oder Rot. Gasexplosionen auf der Sonne sind die Ursache für das farbige Lichterspiel an unserem Nachthimmel. Die bei den Explosionen herausgeschleuderten Teilchen sausen als Sonnenwind mit unvorstellbarer Geschwindigkeit durchs All. Nach drei bis fünf Tagen erreichen sie das Magnetfeld unserer Erde und rasen wie Formel-1-Wagen auf die Pole der Erde zu. In 400 bis 80 Kilometern Höhe prallen sie mit voller Kraft auf die Luftmoleküle und bringen diese damit zum Leuchten. Stickstoff leuchtet dann grün und Sauerstoff rötlich.

Die Entstehung des Weltalls

Die unendlichen Weiten des Weltraums: Viele Bücher, Filme und Serien beschäftigen sich mit dieser geheimnisvollen Welt. Aber wie ist das Universum eigentlich entstanden? So einfach schnipp, und es war da? Sterne, Planeten, Monde und Sonnen können ja nicht aus dem Nichts entstanden sein, oder doch?

Im Alten Testament in der Bibel kannst du lesen, wie Gott Himmel und Erde schuf.

Die Geburtsstunde des Universums

Bestimmt hast du das Wort „Urknal l" schon gehört oder gelesen. Im Englischen heißt es übrigens „Big Bang". Aber wer oder was hat denn da eigentlich wo und warum geknallt? Hat etwa jemand ein Feuerwerk veranstaltet? Ja, fast so kannst du dir das vorstellen. Der Urknall ist nach der Meinung vieler Wissenschaftler die Geburtsstunde unseres Universums, der erste und entscheidende Knall also, dem wir verdanken, dass es uns überhaupt gibt.

Die Weiten des Weltalls

Die Meinung der Kirche

Natürlich wollten auch die Menschen vor 2000 Jahren — in einer Zeit also, als es noch kaum technische Hilfsmittel zur Erforschung des Weltraums gab — schon gern wissen, warum es sie selbst gibt und wie all das, was wir Nacht für Nacht am Himmel sehen können, entstanden ist. Die Kirche hat dafür eine Erklärung gefunden, und wenn du einmal Zeit und Lust hast, dann kannst du eine Geschichte zur Entstehung unserer Erde ganz vorn in der Bibel, im Alten Testament, nachlesen. Die Genesis, so nennt man dieses erste Buch der Bibel, beginnt mit den Worten: „Am Anfang schuf Gott Himmel und Erde." Den Wissenschaftlern reichte diese Erklärung allerdings nicht aus und sie diskutierten viele andere

Möglichkeiten zur Entstehung unserer Erde und des gesamten Universums. Tausende von Jahren vergingen und lange Zeit fand niemand eine wirkliche Erklärung. Viele Menschen hatten eine Idee, aber keiner konnte das Rätsel lösen.

Albert Einstein und der Urknall

Eines Tages wurde ein Mann namens Albert Einstein (1879—1955) in unserem rätselhaften Universum geboren. Er war ein genialer Wissenschaftler und legte mit seinen Forschungen die Grundlagen zur Theorie des Urknalls. Nach dieser Urknalltheorie ist das Universum vor langer Zeit aus einer stecknadelkopfgroßen Energiedichte entstanden. Dieser sehr dichte und heiße Stecknadelkopf brei-

Das Bild zeigt einen Sternhaufen im All.

tete sich mit einem riesigen Knall aus und begann sich immer weiter auszudehnen. Ähnlich wie ein kleiner Ballon, den du aufzupusten beginnst. In kürzester Zeit entstand damals, vor etwa 13,7 Milliarden Jahren, eine große Menge heißer Brei, der sich während der ersten 100.000 Jahre abkühlte. Nach etwa einer Milliarde Jahren entstanden aus den Urelementen Wasserstoff und Helium die ersten Sterne. Seither dehnte sich das Universum immer weiter aus.

Das berühmt gewordene Foto des Wissenschaftlers Albert Einstein

Noch ungelöste Rätsel

Niemand weiß bis heute ganz genau, was eigentlich in den ersten Sekunden im Universum passiert ist. Die Wissenschaftler forschen jedenfalls weiter an einer Erklärung für die Existenz des Universums und vielleicht gelingt es ja irgendwann, das Rätsel komplett zu lösen. Einige Bausteine zu einer Lösung sind immerhin schon vorhanden — wer weiß, welcher Mensch in naher oder ferner Zukunft einen ganzen Turm daraus bauen wird.

Was ist das Größte, wofür wir einen Namen haben?

Das Allergrößte, für das wir Menschen einen Namen haben, ist nicht etwa ein urzeitlicher Dinosaurier, sondern das Universum. Du, alle anderen Menschen, unsere Erde, die Planeten, die Sonne, der Mond, die Sterne und sogar der leere Raum gehören zum Universum. Das Universum ist so groß, dass es gar nicht in Kilometern gemessen werden kann. Wenn du mit Lichtgeschwindigkeit durch das sichtbare Universum reisen könntest, dann wärst du etwa 80 Milliarden Jahre unterwegs.

Wie wurde das Universum geboren?

Das Universum entstand vor etwa 13,7 Milliarden Jahren. Die Erforschung der Ursprünge des Uni-

Die Illustration zeigt eine Theorie zur Entstehung des Universums.

versums und unserer Welt gehört zu den spannendsten Aufgaben der Menschheit. Schon die alten Griechen und Römer stellten Theorien darüber auf, wie sich das Universum entwickelt hat. Doch erst Jahrtausende später fand man eine bis heute gültige Erklärung. Die Wissenschaftler gehen seither davon aus, dass das Universum mit einem riesigen Knall geboren wurde. Dieser Knall wird „Urknall" oder auch „Big Bang" genannt.

Was liegt hinter dem Universum?

Das weiß leider niemand ganz genau. Einige Wissenschaftler nehmen heute sogar an, dass das Universum nur ein kleiner Teil in einem noch viel größeren Gebilde ist! Um dir das vorzustellen, musst du wie ein Wissenschaftler denken. Diese rechnen nämlich nicht nur mit den drei Raumdimensionen, die wir kennen — Länge, Breite und Höhe —, sondern auch noch mit der Zeit. Das ist die vierte Dimension, die aber unglaublich schwer vorstellbar ist. Selbst das Genie Albert Einstein hatte damit Probleme. Die Wissenschaftler stellen sich dabei das Universum wie einen Topf mit kochendem Wasser vor, in dem ständig kleine Bläschen blubbern. Jedes Bläschen könnte somit ein neues Universum sein. Eine kosmische Brodelbrühe.

Wie alt ist das Universum genau?

Das ist nicht ganz leicht zu sagen. Bei einem Baum kannst du einfach die Jahresringe zählen, dein Alter steht in deinem Kinderausweis, aber das Universum hat leider keinen solchen Pass. Wissenschaftler können jedoch das Alter von Felsen bestimmen, und so konnte man das Alter des Mondes durch

Sterne und Galaxien

Groß, größer, am größten

Das älteste Licht, das wir heute sehen können, ist seit etwa 13,7 Milliarden Jahren unterwegs, nämlich seitdem das Universum entstanden ist. Da das Universum sich aber seit dem Urknall immer weiter ausdehnt, ist der Punkt, von dem dieses Licht einmal ausgegangen ist, heute etwa 40 Milliarden Lichtjahre entfernt. Das bedeutet, dass das Universum einen Durchmesser von etwa 80 Milliarden Lichtjahren haben muss. Manche Wissenschaftler vermuten aber, dass das Universum noch viel größer ist.

eine Untersuchung des Mondgesteins feststellen. Das Alter des Universums wird danach berechnet, in welcher Zeit und mit welcher Geschwindigkeit es sich wie weit ausgedehnt hat. Die Wissenschaftler kommen bei ihren Berechnungen dann auf immerhin etwa 13,7 Milliarden Jahre, die seit dem Urknall vergangen sind.

Ist das Universum krumm?

Wenn du eine Taschenlampe hättest, die bis ganz weit ins Universum hineinleuchten könnte, dann wäre der Lichtstrahl krumm. Das ist deshalb so, weil sich alles, was sich im Universum befindet, gekrümmt ausbreitet. Ähnlich wie auf unserer Erde: Du kannst einfach irgendwo loslaufen und für immer auf der Erde umherkreisen, ohne dass du an ein Ende kommst. Denn die Erdoberfläche ist gekrümmt und so ähnlich kannst du dir das Universum auch vorstellen. Nur ist das Universum

noch in einer dritten Dimension gekrümmt, der Zeit. Man nennt das auch gekrümmte Raumzeit.

Was ist der Unterschied zwischen Universum und Weltraum?

Die Begriffe „Universum", „Weltall" und „Kosmos" bedeuten dasselbe. Das Wort „Universum" stammt aus dem Lateinischen und heißt übersetzt „gesamt". Damit meint man die Gesamtheit aller Dinge, also alles, was du dir vorstellen kannst. Und dabei ist es egal, ob du Universum, Kosmos, Weltall oder Weltraum dazu sagst. Mit dem Begriff „Weltraum" wird aber manchmal auch nur der Raum außerhalb der Erdatmosphäre bezeichnet und dann gehört die Erde nicht dazu. Also, aufgepasst!

Was genau ist das Weltall?

Wenn du in einer klaren Nacht zum Himmel blickst, siehst du etwas Wunderbares: den Sternenhimmel. All diese Sterne sind im Weltall zu Hause. Doch das Weltall ist viel mehr als das, was du sehen kannst. Es reicht unvorstellbar weit und enthält alle Himmelskörper. Das Weltall wird manchmal auch „Universum" genannt oder „Kosmos". Dies ist ein griechisches Wort, das „Welt" oder auch „Ordnung" bedeutet.

Der Sternenhimmel mit dem Mond

Wie kann ich mir den Weltraum vorstellen?

Der Weltraum ist ein riesiger freier Raum mit vielen Himmelskörpern. Du kannst ihn dir am besten wie eine schwarze und luftleere große Blase vorstellen, in der es eiskalt ist. Die Temperatur im Weltraum beträgt nur etwa minus 270 Grad Celsius. Der Weltraum ist unvorstellbar groß. Es gibt darin Wolken aus Gas und Staub, Sterne, Planeten, Kometen und allerkleinste Teilchen. Dies sind die Atome des Gases Wasserstoff. Da der Weltraum so riesig ist, verschwinden die Sterne, Planeten und Kometen fast im All. Einige Wissenschaftler vermuten, dass sie zusammen nur etwa vier Prozent des Weltraums ausmachen. 96 Teile des Weltraums sind also schwarzer kalter und unbekannter Raum und nur vier Teile sind die uns bekannten Sterne, Planeten und Kometen.

Spiralgalaxie in den Weiten des Weltraums

Was passierte beim Urknall?

Die meisten Wissenschaftler gehen davon aus, dass es am Anfang pure Energie gab. Aus dieser Energie sind bei der Urknall-Explosion kleinste Teilchen entstanden. Aus diesen Teilchen formten sich Atome, aus denen etwa eine Milliarde Jahre nach dem Urknall wiederum Sterne, Planeten und schließlich unser gesamtes Universum entstanden. Du kannst dir das am besten vorstellen, wenn du an einen gigantischen Blitz denkst, bei dem sich winzige Bausteinchen bilden, die so klitzeklein sind, dass man sie selbst mit dem Mikroskop nicht sehen könnte. Durch das Zusammenfügen von immer mehr solcher Steinchen sind schließlich so große Gebilde wie die Sterne entstanden. Mit dem Urknall hat sich also das Weltall mit all seinen Himmelskörpern entwickelt. Und seither dehnt es sich immer weiter aus und wird größer.

Wo fand der Urknall statt?

Wo der Urknall stattfand und wohin sich der Weltraum ausdehnt, lässt sich nicht sagen. Um das zu verstehen, stellst du dir am besten eine Ameise vor, die auf einem Luftballon herumkrabbelt. Wenn du den Luftballon aufpustest, dann dehnt er sich immer weiter aus. Die Ameise selbst kann aber nicht sagen, wo sich der Luftballon gerade ausdehnt. Sie merkt nur, dass er überall größer wird. Uns geht es so ähnlich. Da es nämlich nicht möglich ist, so weit zu reisen, dass wir aus dem Weltraum hinausfliegen, können wir auch nicht von oben auf den Weltraum sehen. So erkennen wir nicht, wo die Mitte ist, in der der Urknall stattgefunden hat. Und wir sehen auch nicht, wie und wohin der Weltraum sich ausdehnt.

Sterne und Galaxien

Kann es noch einmal einen Urknall geben?

In unserem Universum kommt es wahrscheinlich nicht noch einmal dazu. Aber es gibt Wissenschaftler, die meinen, dass es jede Menge weitere Urknalle gäbe — eigentlich ständig, allerdings werden dabei nur wenige Universen so lange wie unseres leben. Die meisten verschwinden so schnell wieder, wie sie entstanden sind. Sie zerplatzen wie eine Seifenblase.

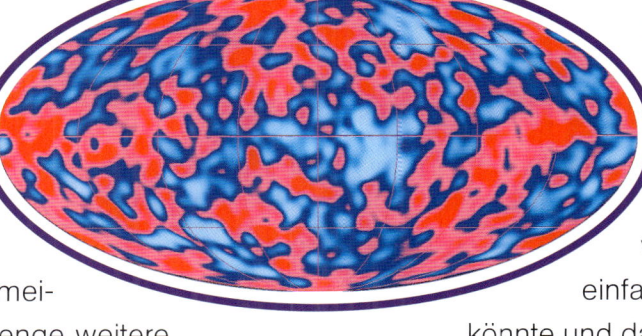

„Babybild" des Universums nach dem Urknall

Bleibt das Universum bestehen?

Einige Wissenschaftler sind der Meinung, dass sich das Universum irgendwann nicht mehr weiter ausdehnt. Dann würde es beginnen, in sich zusammenzustürzen, bis es zu einer Art von umgekehr-

tem Urknall, dem „Big Crunch" kommt. Eine weitere Möglichkeit ist, dass das Universum irgendwann verödet. Wenn es sich immer weiter ausdehnt, dann könnte es nämlich sein, dass alle Sterne nach und nach verlöschen und nur noch Gesteinsbrocken und Staub im Universum übrig bleiben. Eine dritte und recht neue Theorie, die des „Big Rip", vermutet, dass das gesamte Universum in etwa 22 Milliarden Jahren einfach auseinandergerissen werden könnte und dann auf ewig verschwindet.

Was ist der Big Crunch genau?

Der Big Crunch ist das genaue Gegenteil vom Urknall, eine Art Zusammenbruch des Universums. Im Moment dehnt sich das Universum immer weiter aus. Da sich aber viele Planeten, Sterne und andere schwere Dinge in ihm befinden, könnte diese Schwerkraft das Universum eines Tages bei der Ausdehnung stoppen. Wenn das passierte, stürzte das Universum in sich zusammen, bis es wieder da wäre, wo es vor Milliarden von Jahren angefangen hat.

Grenzenloses Wachstum

Es gibt Wissenschaftler, die glauben, dass das Universum niemals aufhören wird, sich auszudehnen. Sie meinen, dass das Universum nicht von der Schwerkraft gestoppt werden kann und so seit dem Urknall immer größer wird.

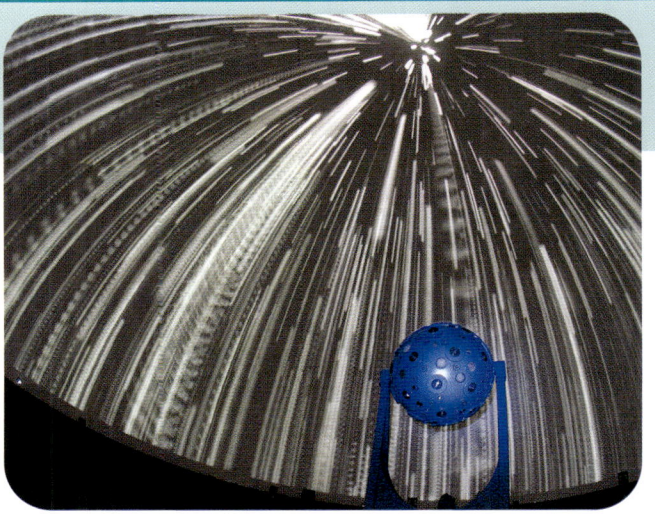

Projektion des Urknalls im Zeiss Planetarium in Jena mit dem Sternenprojektor unten

Erlebe ich den Big Crunch noch?

Auch wenn du weit über 100 Jahre werden solltest, würdest du den Big Crunch, den umgekehrten Urknall, nicht mehr erleben. Du brauchst also keine Angst zu haben. Selbst wenn sich das Universum ab sofort nicht mehr weiter ausdehnen würde, dauerte es trotzdem noch um die 15 Milliarden Jahre bis zum Big Crunch. Und so alt wirst du bestimmt nicht.

Gibt es im Universum Tunnel?

Nicht nur die Autoren von Science-Fiction-Büchern, sondern auch einige Forscher glauben mittlerweile, dass verschiedene Universen existieren und dass es zwischen den einzelnen Universen Verbindungen gibt. Durch diese Verbindungen könnten wir dann in eine Parallelwelt gelangen. Die Idee zu dieser Reisemöglichkeit hatten Albert Einstein (1879—1955) und Nathan Rosen (1909—1995). Eine Reise durch diesen Tunnel, die sogenannte Einstein-Rosen-Brücke, könnte dann in eine andere Welt führen. Das einzige Problem bei der Reise wäre die extreme Anziehungskraft im Tunnel. Sie würde den Universumreisenden einfach zerquetschen.

Intergalaktische Reisen der Star-Trek-Besatzung

Was sind Wurmlöcher?

„Wurmlöcher" ist nur ein anderer Begriff für die Tunnel im Universum, auch „Einstein-Rosen-Brücke" genannt, die uns mit weit entfernten Universen verbinden könnten. Wenn sie tatsächlich existierten, könnte man sich darin unglaublich schnell fortbewegen. Nur hätten wir leider nicht viel davon, denn aufgrund der unglaublichen Anziehungskraft würden wir während unserer interstellaren Reise zerdrückt werden.

Wer hätte das gedacht?

Alles im Universum besteht aus Elementen. Die Urelemente entwickelten sich etwa 100.000 Jahre nach dem Urknall aus der Urmaterie, nachdem sich das Universum abgekühlt hatte. Diese Elemente sind zum Beispiel Helium oder Wasserstoff. Die ersten Sterne entstanden aus diesen Elementen und alles Weitere entwickelte sich ebenfalls aus ihnen, auch du. Also bist du eigentlich aus Sternenstaub gemacht!

Wie werden die Sterne geboren?

Sterne werden meist in kalten und nebeligen Gaswolken geboren, das können dann Hunderte von Sternen auf einmal sein. Diese Gaswolken werden auch Sternenkindergärten genannt. Die Gase in den Wolken verdichten sich und werden zu einer

Sterne und Galaxien

sich drehenden Scheibe. Durch die Anziehungskraft zieht sich die Scheibe zu einer Kugel zusammen. Wenn der Druck daraufhin immer größer wird, kommt es zu einer Kernverschmelzung und ein Stern ist geboren.

wird. Deshalb sind Sterne riesige Gaskugeln, von denen keine wie die andere ist. Sie lassen sich nach Durchmesser, Temperatur und Gewicht gut unterscheiden.

Was ist ein Sternenkindergarten?

Sternenkindergärten werden die Nebel genannt, in denen die Sterne geboren werden. Und wenn du ein Teleskop hast, dann ist das eines der tollsten Dinge, die du damit beobachten kannst. Einige dieser Sternenkindergärten sind sogar mit einem normalen Fernglas zu sehen, wie zum Beispiel der Orionnebel. Ein weiterer noch recht junger Sternhaufen sind die Plejaden, wobei recht jung hier etwa 60 Millionen Jahre bedeutet. Sie sind sogar mit bloßem Auge zu erkennen.

Woraus bestehen die Sterne?

Ein Bild des berühmten Orionnebels

Wenn du am helllichten Tag zum Himmel blickst, dann siehst du einen Stern aus nächster Nähe: unsere Sonne. Auch jeder andere Stern, der nachts am Himmel leuchtet, sowie alle anderen Sterne im Weltall sind solche vor Hitze kochenden Sonnen. Sie bestehen aus Gasen, die umgewandelt werden, wobei jede Menge Energie freigesetzt

Warum fallen die Sterne nicht vom Himmel?

Zwei Kräfte sind im Weltraum ganz wichtig: die Anziehungskraft und die Fliehkraft. Wenn du etwas aus dem Fenster wirfst, fällt es zu Boden. Das liegt an der Anziehungskraft der Erde. Diese sorgt dafür, dass du nicht in den Weltraum davonfliegst und dich nicht viel weiter als ein bis zwei Meter vom Boden wegbewegen kannst. Sterne wie die Sonne üben eine Anziehungskraft auf ihre Planeten aus. Und die Galaxien, also die verschiedenen Sternsysteme, ziehen ihre Sterne an. Gleichzeitig gibt es aber auch die Fliehkraft. Diese kennst du vom Kettenkarussell, wenn dich die Geschwindigkeit und die Drehung hochschleudern. So wirkt die Fliehkraft auch auf die Planeten, die um die Sonne kreisen, und auf die Sterne in den Galaxien, die um die Mitte der Milchstraße kreisen. Weil sich die Anziehungskraft und die Fliehkraft für jeden Stern, jeden Planeten und jede Galaxie eingependelt haben, bleiben alle in einem bestimmten Abstand zueinander.

Sind Planeten auch Sterne?

Die Planeten sind keine Sterne, denn im Gegensatz zu den Sternen bestehen sie nicht aus brennenden Gasen. Daher leuchten sie auch nicht selbst. Die Planeten sind mehr oder weniger kalte Kugeln, die auf festgelegten Bahnen um die Sonne kreisen. Sie sind aus derselben Staubwolke entstanden wie die Sonne und haben sich je nach Größe und Masse auf einer Umlaufbahn um die Sonne eingependelt. Manche der Planeten haben selbst Begleiter: die Monde. So hat die Erde zum Beispiel ihren Erdmond. Dieser ist dadurch entstanden, dass die Erde vor etwa 4,5 Milliarden Jahren mit einem anderen Planeten zusammengestoßen ist. Damals war die Erde noch nicht fest und Trümmer unterschiedlicher Größe wurden durch den Zusammenprall abgesprengt. Eines dieser Trümmerteile ist unser Mond.

Wie groß sind Sterne?

Sterne können sehr unterschiedliche Größen haben. Es gibt sehr große, aber auch sehr kleine Sterne. Der größte bisher bekannte Stern heißt VV Cephei. Sein Durchmesser ist mehr als 1600-mal so groß wie der unserer Sonne. Und der Durchmesser der Sonne beträgt immerhin etwa 1,4 Millionen Kilometer. Der zweitgrößte Stern heißt Antares. Er hat ungefähr den 700-fachen Sonnendurchmesser. Zu den kleinsten Sternen gehören die Weißen Zwerge. Sie haben einen Durchmesser von eini-

gen Tausend bis Zehntausend Kilometern. Es gibt aber auch Neutronensterne, die gerade einmal zehn Kilometer groß sind. Auch vom Gewicht her unterscheiden sich die Sterne. Die Sterne mit der größten Masse sind 100-mal so schwer wie unsere Sonne. Die kleinsten Sterne besitzen dagegen nur sechs Hundertstel der Masse der Sonne.

Stichwort Neutronenstern

Ein Neutronenstern ist ein sehr schwerer Stern am Ende seines Lebens, also ein Stern mit einer hohen Dichte. Durch die Gravitation wird er immer weiter zusammengepresst, bis er am Ende nur noch aus Neutronen besteht. Neutronen sind winzige Teilchen aus dem Innern des Atomkerns. Ein kleiner Bruchteil von solch einem schweren Stern kann so viel wie unsere ganze Erde wiegen.

Ein schwarzes Loch verschluckt einen Neutronenstern.

Sterne und Galaxien

Was ist ein Pulsar?

Wenn ein alter Stern mit einer sehr großen Masse in sich zusammenstürzt, nachdem die Kernfusion erloschen ist, kann er zu einem Neutronenstern werden. Dieser Neutronenstern hat dann zwar nur noch einen Teil der Masse des alten Sterns, aber behält dessen Drehimpuls und Magnetfeld. Da er aber nun viel weniger Masse besitzt, dreht er sich sehr viel schneller und wird dann Pulsar genannt. Der schnellste bekannte Pulsar heißt PSR J1748-2446ad und dreht sich in einer Sekunde 716-mal um sich selbst. Pulsare, die sich so rasant bewegen, heißen auch Millisekundenpulsare.

Welcher Stern ist am hellsten?

Bereits der griechische Astronom Hipparchos (190—125 v. Chr.) teilte die Sterne nach ihrer Leuchtkraft in sechs Größenklassen ein: Die hellsten Sterne hatten die Größe 1, gerade noch sichtbare Sterne die Größe 6. Da unsere heutigen Teleskope die Helligkeit von Sternen ganz anders erfassen als früher das bloße Auge, wurde die alte Einteilung im Laufe der Zeit um zahlreiche Größenklassen erweitert. Heute hat beispielsweise die Sonne einen Wert von minus 26,73 mag. Der hellste Stern am Nachthimmel ist Sirius mit einer Helligkeit von minus 1,5 mag. Die Maßeinheit mag steht für das lateinische „magnitudo", das „Größe" bedeutet.

Gibt es auch Sternenpaare?

Es gibt Sterne, die nicht allein sein wollen. Sie bilden ein Paar und man nennt sie auch Doppelstern. Ein Doppelstern besteht aus zwei Fixsternen, die am Himmel recht nahe zusammenstehen. Sie umrunden sich gegenseitig, aber jeder Stern hat dabei seine eigene Bahn. Die Bewegung ist nicht immer kreisförmig, und auch die Geschwindigkeit und der Abstand zueinander können sich verändern.

Wie entstehen Sternschnuppen und Kometenschweife?

Eine Sternschnuppe am Abendhimmel

Sternschnuppen sind Schweifrückstände eines Kometen. Auf seiner Reise um die Sonne hinterlässt der Schweif eines Kometen nämlich Spuren aus Staub und Gestein. Auf ihrer Bahn kreuzt die Erde immer wieder solche Schweifrückstände, die beim Eintritt in die Erdatmosphäre als sogenannte Sternschnuppen verglühen. Im August reist die Erde durch einen Abschnitt des Sonnensystems, in dem eine so große Zahl von Staub- und Gesteinsbrocken schwebt, dass du ganz sicher Sternschnuppen beobachten kannst. Die meisten Sternschnuppen fallen in der Nacht vom 12. auf den 13. August. Wenn du in den Ferien in den Bergen bist, am Meer oder möglichst weit weg von einer Stadt, kannst du im Schnitt zwei Sternschnuppen pro Minute über den Himmel huschen sehen.

Sind alle Sterne gelb?

Wenn du genau hinschaust, kannst du erkennen, dass die Sterne in allen Farben des Regenbogens leuchten, von Rot- über Blau- bis zu Gelbtönen. Im 19. Jahrhundert fanden Wissenschaftler heraus, dass die Farbe eines Sterns von seiner Temperatur abhängt. Das wird deutlich, wenn du an ein erhitztes Stück Eisen denkst. Die Eisenstange glüht erst rot, dann orange, dann gelb und schließlich bläulich weiß. Je stärker man das Eisen erhitzt, desto energiereicheres Licht gibt es ab. Blaues Licht hat mehr Energie als rotes, also leuchtet ein besonders heißer Stern in blauem Licht.

Warum funkeln die Sterne?

Weil die Sterne zu funkeln scheinen, geben wir ihnen auf Bildern Zacken.

In Wirklichkeit funkeln die Sterne nicht, sondern ihr Licht erreicht uns gleichmäßig. Doch die Erde besitzt eine Luftschicht, die Erdatmosphäre, in der sich das Licht der Sterne verändert. Man nennt diesen Vorgang Brechung. Außerdem gibt es in der Erdatmosphäre wärmere und kältere Schichten, die sich bewegen. So scheint der Lichtstrahl, den ein Stern aussendet, zu flackern. Sterne haben auch keine Zacken. Sie sind genauso rund wie die Sonne. Wir zeichnen sie jedoch auf Bildern mit Zacken, weil uns ihr Licht so unruhig erscheint.

Wie viele Sterne gibt es eigentlich?

Wenn du nachts zum Himmel hinaufsiehst, kannst du mit bloßem Auge etwa 2500 Sterne und mit einem Fernrohr sogar Milliarden von Sternen erkennen. Doch die Zahl der Sterne in den Weiten des Weltraums ist unzählbar groß. Man weiß, dass es etwa 100 Milliarden Galaxien gibt. Und in jeder Galaxie stehen mindestens eine Milliarde Sterne. Zur besseren Unterscheidung wurden die Sterne in acht Leuchtkraftklassen eingeteilt, die mit römischen Ziffern angegeben werden. Die hellsten Sterne gehören in die Klasse I, die am schwächsten leuchtenden Sterne in die Klasse VII. Daneben gibt es noch die Unterscheidung in sechs Sternklassen. Hier werden die Sterne nach ihrer Helligkeit, wie sie von der Erde wahrzunehmen ist, unterteilt. Ein Stern sechster Klasse ist zum Beispiel ein von der Erde aus gesehen besonders dunkler Stern. Die Sterne der sieben Leuchtkraftklassen sind:

Ia	helle Überriesen
Ib	schwächere Überriesen
II	helle Riesen
III	normale Riesen
IV	Unterriesen
V	Hauptreihensterne (Zwerge)
VI	Unterzwerge
VII	Weiße Zwerge

Sterne und Galaxien

Warum kann ich die Sterne nur nachts sehen?

Die Sterne sind nicht nur in der Nacht, sondern auch am Tag da. Am Tag können wir sie nur einfach nicht sehen, denn das Licht der Sonne ist viel heller als das Licht der Sterne. Wir sehen die Sterne also bei Tag nicht, weil die Sonne die Helligkeit der Sterne überstrahlt. Sobald die Sonne untergeht, siehst du als Erstes die hellsten Sterne. Mit zunehmender Dunkelheit erkennst du auch dunklere Sterne. Übrigens gibt es noch einen anderen Himmelskörper, der gleich nach Sonnenuntergang besonders hell zu sehen ist und daher auch Abendstern genannt wird: die Venus. Und weil sie auch morgens vor Sonnenaufgang sichtbar ist, trägt sie zugleich den Namen Morgenstern. Doch Vorsicht: Die Venus ist ein Planet und kein Stern!

Der Astronom Friedrich Wilhelm Bessel berechnete 1838 als Erster die Entfernung eines Fixsterns.

Was ist ein Fixstern?

Ein Fixstern ist ein Stern, der scheinbar am Himmel festgeklebt ist. So könnte man meinen, dass er im Verhältnis zu seinen Nachbarsternen jede Nacht an derselben Stelle steht. Aber auch die Fixsterne bewegen sich. Ihre Bewegung ist allerdings zu schwach, als dass wir sie bemerken könnten. Himmelskörper, die nicht zu den Fixsternen gehören, verändern ihre Position am Himmel deutlich sichtbar. Das sind dann die Planeten beziehungsweise die sogenannten Wandelsterne.

Wie misst man die Entfernung eines Fixsterns?

Das funktioniert mit einem Trick, denn diese riesige Entfernung könnte sonst gar nicht genau bestimmt werden. Die Wissenschaftler benutzen dazu die Geometrie. Der Stern wird von zwei verschiedenen Punkten auf der Erde angepeilt und die Verschiebung, die dabei zustande kommt, wird gemessen. Die Wissenschaftler zeichnen aus den Ergebnissen ein Dreieck und können so die Entfernungen der Fixsterne berechnen. Als erstem deutschen Astronom gelang das 1838 Friedrich Wilhelm Bessel (1784–1846).

Wie misst man die Größe eines Fixsterns?

Die Fixsterne sind so weit von unserer Erde entfernt, dass wir natürlich nicht einfach vorbeifliegen können, um ihre Größe zu messen. Auch hier gibt es wieder einen Trick, der mit der Farbe der Sterne zusammenhängt. Die Wissenschaftler vergleichen die Farben der Sterne und schließen daraus auf ihre Größe. Wenn zum Beispiel ein roter Stern, der nur schwach glüht, trotzdem sehr hell ist, muss er schon ziemlich groß sein, um diese Leuchtkraft erreichen zu können.

Was sind Sternbilder?

Weil der Himmel so unendlich groß ist und es unzählig viele Sterne gibt, bemühten sich die Menschen schon früh darum, ein wenig Ordnung zu schaffen. Sie erkannten am Himmel Gruppen von Sternen, die auffällige Muster bildeten. Diese Gruppen fassten sie zu Sternbildern zusammen, denen sie Namen gaben. Bei den Sternbildern unterscheidet man zwischen dem Nordhimmel und dem Südhimmel. Der Nordhimmel ist der Himmel über der Nordhalbkugel der Erde. Der Südhimmel ist der Himmel über der Südhalbkugel der Erde. Insgesamt gibt es heute offiziell 88 Sternbilder. Dazu kommen noch eine Reihe zusätzlicher Bilder, die aus Teilen der Sternbilder oder aus Sternen verschiedener Sternbilder gebildet werden.

Was ist der Himmels- nordpol?

Stell dir vor, die Erde wäre von einer Kugel umgeben, die eine ganz dünne Schale hat und viel größer als die Erde ist. Diese Kugel, die es nur in der Vorstellung gibt, nennt man Himmelskugel. Wenn du dir jetzt weiter vorstellst, die Erdachse würde wie eine riesige Lanze diese Himmelskugel an zwei Stellen durchstoßen, dann hast du zwei Himmelspole: einen im Norden und einen im Süden. Der Himmelsnordpol liegt im Sternbild des Kleinen Bären und der Himmelssüdpol liegt ihm gegenüber. Man hat diese Punkte als Orientierungshilfen geschaffen und daraus ein astronomisches Koordinatensystem, ein System zur Lagebestimmung der Himmelskörper, entwickelt.

Wo steht der Polarstern?

Im Sternbild Kleiner Bär, das auch häufig Kleiner Wagen genannt wird, leuchtet ein sehr heller Stern. Er ist der hellste im ganzen Sternbild und heißt Polarstern. Er ist der letzte Deichselstern des kleinen Wagens, also Teil einer Formation von drei Sternen, die so aussehen wie eine Wagendeichsel, und in seiner Nähe liegt der Himmelsnordpol. Für diesen Stern gibt es jede Menge anderer Namen, die uns überliefert wurden. „Stella Polaris" oder auch nur „Polaris" oder einfach „Nordstern" wird er bis heute bei uns genannt. Bei den alten Griechen hieß er „Phoenice", was „der Phönizische" bedeutet. Bei den Arabern wird er „Alruccabah", „der Reiter", genannt und bei den heutigen Griechen wird er als „Schwanz des Hundes" bezeichnet.

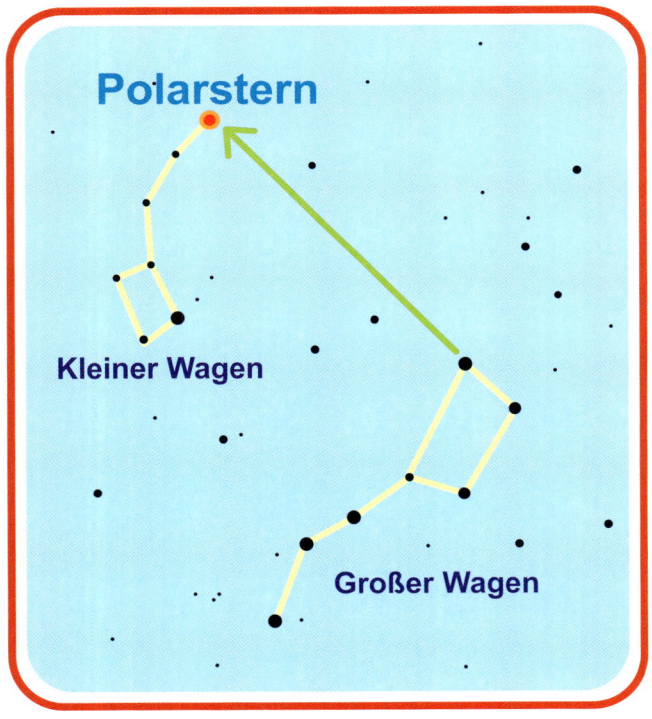

Wie findet man den Polarstern? Verlängere die vordere Linie vom Kasten des Großen Wagens ungefähr fünfmal. Der Polarstern ist zugleich der letzte Deichselstern vom Kleinen Wagen und an ihm kann man auch nachts erkennen, wo Norden ist.

Sterne und Galaxien

Wo steht das Kreuz des Südens?

Das Kreuz des Südens kannst du nur am südlichen Himmel sehen, in Mitteleuropa ist es am Nachthimmel nicht zu finden. Es ist ein sehr bekanntes und auffälliges Sternbild, auch wenn es nicht sehr groß ist. Die vier hellsten Sterne bilden ein Kreuz, von dem sich auch der Name des Sternbildes ableitet. Wenn du einmal auf der südlichen Halbkugel unserer Erde Urlaub machst, dann kannst du es mitten in der Milchstraße leuchten sehen.

Pfau, Chamäleon & Co.

Zahlreiche Sternbilder haben ihre Namen aus Geschichten der antiken Mythologie. Einige erhielten aber auch die Namen von Tieren oder sogar von wissenschaftlichen Geräten. So gibt es am Himmel beispielsweise den Pfau, den Tukan (das ist der Name eines tropischen Spechtvogels) oder das Chamäleon, aber auch das Teleskop und das Mikroskop.

Eine Galaxie im Sternbild Pfau

Was ist der Große Bär?

Der Große Bär zählt zu den bekanntesten und ausgedehntesten Sternbildern. Er ist ein Sternbild des Nordhimmels und ganzjährig sichtbar. Die sieben hellsten Sterne bilden das Bild des Großen Wagens, wie das Sternbild außerdem genannt wird. Der Große Bär ist ein Sternbild der Antike und erzählt uns die Geschichte von einer schönen jungen Frau. Sie hieß Kallisto und war eine Gefährtin der Artemis. Dies war die griechische Göttin der Jagd. Kallisto war so hübsch, dass sie dem Göttervater Zeus gefiel. Und als er sie erfolgreich verführt hatte, wurde seine Tochter Artemis eifersüchtig. Sie verwandelte Kallisto in eine Bärin, um sie jagen und erlegen zu können. Zeus jedoch kam Kallisto auf besondere Art zu Hilfe: Er versetzte sie kurzerhand an den Himmel.

Woher haben die Sternbilder ihre Namen?

Die Zusammenfassung der Sterne zu Sternbildern geht auf die Zeit der Babylonier zurück. Ab 1500 vor Christus gaben die Menschen den Sternformationen die Namen der zwölf Tierkreiszeichen. Im antiken Griechenland wurde die Anzahl der Sternbilder auf 48 erweitert. Die Griechen versahen die neuen Bilder mit Namen aus ihren Legenden. Diese Sternbilder kannst du alle über dem Nordhimmel, also dem Himmel, der auch von Griechenland aus sichtbar ist, finden. Ab 1600 nach Christus wurden weitere Sternbilder eingeführt. Nun wurden auch die Sterne und Sterngruppen des Südhimmels benannt.

Außerirdisches Leben

Wer träumt nicht von einem pelzigen Kumpel wie etwa Alf oder einem kleinen tollpatschigen Watschelfreund wie E.T.? Leider gibt es keinerlei Hinweise, dass eine Begegnung mit Außerirdischen in der nächsten Zeit stattfinden könnte.

Kornkreise im Feld werden oft als Zeichen für die Landung eines UFOs angesehen.

Der außerirdische Held E.T. in Stephen Spielbergs Film von 1982

Begegnungen der dritten Art

Auch wenn du in riesiger Schrift „UFOs bitte hier landen!" auf eure Garage malst, wirst du wahrscheinlich nicht das Glück haben, einem waschechten Außerirdischen zu begegnen.
Interessant ist es aber doch, sich vorzustellen, wie sie wohl aussehen könnten, unsere Freunde aus einer fernen Welt. Vielleicht haben sie acht Augen und sechs Beine, einen schuppigen Panzer als Körper und sprechen einen merkwürdig quietschenden Dialekt?

Wasser ist Leben

Das Wichtigste für alles Leben, nicht nur auf unserer Erde, ist nach unseren derzeitigen Erkenntnissen das Wasser. Auf dem Mars haben Wissenschaftler Täler entdeckt, die wahrscheinlich ausgetrocknete Flussläufe sind. Eine deutsche Spezialkamera untersuchte die Marsoberfläche und sendete Bilder und Daten zur Erde, die darauf hindeuteten, dass es auf dem Mars flüssiges Wasser gab. Und inzwischen haben die Wissenschaftler sogar Wassereis auf dem Mars gefunden.
Ständig werden neue Planeten in anderen Sonnensystemen entdeckt und die spannendste Frage ist wohl, ob dort Leben denkbar ist und wenn ja, in welcher Form.

Ein besonderer Planet

Mit der Entdeckung von Gliese 581 c, der 20 Lichtjahre von der Erde entfernt ist, wurde ein Planet gefunden, auf dem eine Möglichkeit für außerirdisches Leben zu bestehen scheint.
Gliese 581 c ist ein Exoplanet, das heißt, dass er sich außerhalb unseres Sonnensystems, in einem anderen Planetensystem bewegt.

Von Gliese 581 c nimmt man nun an, dass auf ihm möglicherweise recht gute Lebensbedingungen herrschen könnten. Viele Wissenschaftler vermuten, dass die Temperaturen zwischen 40 und 100 Grad Celsius liegen, dass es flüssiges Wasser gibt und wahrscheinlich sogar eine Atmosphäre. Aber wie könnte dort Leben aussehen? Gliese 581 c hat eine sehr starke Schwerkraft und die Lebewesen müssten, wenn sie größer als Hunde wären, schon sehr viele Muskeln haben, um ihr Gewicht überhaupt tragen zu können. Vielleicht würden sie ja wie kräftige Dinosaurier aussehen? Vielleicht bewohnen aber auch Wasserwesen den Planeten, falls es dort überhaupt Meere gibt. Bis wir hinfliegen und nachschauen können, werden wohl noch viele Jahre vergehen. Mittlerweile gibt es jedoch auch viele Forscher, die diese Hoffnung getrübt sehen, denn seit Kurzem wird vermutet, dass die Temperaturen auf Gliese 581 c doch oberhalb des Siedepunktes liegen. Das hieße dann, dass dort Leben unmöglich wäre.

Die Illustration zeigt links den Planeten Gliese 581 c und rechts den Stern Gliese 581 (in Rot).

Die Forschung geht weiter

Die ESA und die NASA werden in den nächsten Jahren eine ganze Reihe von Weltraumflügen durchführen, deren Ziel sein wird, Spuren von außerirdischem Leben zu finden. Dabei sollen sowohl die Planeten in unserem Sonnensystem als auch Planeten außerhalb unseres Sonnensystems er-

So oder ähnlich stellt man sich heute ein UFO vor.

forscht werden. Aber wird man fündig werden? Und falls ja, wie unterhält man sich dann bloß mit den Fremdlingen? Auch hierzu gibt es inzwischen Forschungsprojekte. Sie befassen sich mit Fragen der vielleicht irgendwann notwendigen Verständigung mit Außerirdischen.

Der geheimnisvolle Stützpunkt

Aber halt, da gibt es ja noch ein Gerücht: die Area 51. Das ist ein streng geheimer Militärstützpunkt mitten in der Wüste, in der Nähe des amerikanischen Glücksspielortes Las Vegas. Dieser Stützpunkt wird mit Videokameras und Bewegungsmeldern überwacht. Viele Menschen glauben, dass dort an einer geheimen UFO-Technik geforscht wird. Einige vermuten sogar, dass dort Außerirdische versteckt werden, die in den 60er-Jahren des letzten Jahrhunderts auf der Erde gelandet sind. Solche Geschichten scheinen jedoch eher in einen Science-Fiction-Film zu gehören. Ob da wohl etwas dran ist?

Welche Sternbilder sind am bekanntesten?

Die bekanntesten Sternbilder sind die Bilder der Tierkreiszeichen. Du hast sicher schon von ihnen gehört, denn mit den Tierkreiszeichen sind die Sternzeichen gemeint: Steinbock, Wassermann, Fische, Widder, Stier, Zwillinge, Krebs, Löwe, Jungfrau, Waage, Skorpion und Schütze. Diese Sternbilder bilden die Grundlage der Astrologie. Die Astrologie ist eine Lehre, die die Himmelskörper nach ihrer Bedeutung für den Menschen deutet. Den einzelnen Sternzeichen werden hier ganz bestimmte Eigenschaften zugeordnet. Die Stern- oder Tierkreiszeichen bilden auch die Grundlage für Horoskope. Jedes Sternbild ist für einen Monat im Jahr von der Erde aus sichtbar, denn die Sonne durchwandert alle zwölf Bilder innerhalb eines Jahres. Dein Sternzeichen ist also dasjenige Zeichen, in dem die Sonne bei deiner Geburt stand.

Der Tierkreis mit den Symbolen der zwölf Tierkreiszeichen, auch Sternzeichen genannt

Welche Sternbilder gibt es noch?

Das nördlichste Sternbild ist der Kleine Bär. Es besteht aus sieben Sternen und zeigt einen Kasten mit angehängter Deichsel. Daher wird dieses Bild auch „Kleiner Wagen" genannt. Das Sternbild Kassiopeia gehört zu den ältesten uns bekannten Sternbildern. Es steht ebenfalls am Nordhimmel und befindet sich am Rand der Milchstraße. Seine fünf Hauptsterne bilden ein W. Daher trägt es auch den Namen „Himmels-W". Der Kleine Bär und Kassiopeia sind das ganze Jahr hindurch sichtbar. Eines der schönsten Sternbilder ist Orion. Es steht am Himmelsäquator und ist im Winter zu beobachten. Es zeigt einen Jäger und präsentiert sich als eindrucksvolle Figur eines eingeschnürten Rechtecks aus hell leuchtenden Sternen mit einem Gürtel in der Mitte. Die drei Gürtelsterne von Orion sind besonders leicht zu erkennen. Links oberhalb der Gürtelsterne ist der rötliche Stern Beteigeuze angeordnet. Rechts unterhalb sieht man den bläulich weißen Stern Riegel, den hellsten Stern des Sternbilds. Unter den Gürtelsternen kann man mit einem Fernglas den Orionnebel entdecken.

Warum sind die Sternbilder so wichtig?

Seitdem es Menschen gibt, beobachten sie den Himmel. Irgendwann fanden sie heraus, dass sich Nacht für Nacht am Sternenhimmel ein Geschehen abspielt, an dem man sich bei Wanderungen oder auf See orientieren kann. Denn es gibt einen Stern, der die ganze Nacht hindurch seine Position beibehält: der Polarstern. Die

Sterne und Galaxien

übrigen Sterne scheinen im Lauf einer Nacht über den Himmel zu wandern. Wer die Sternbilder zu lesen verstand, wusste immer, wo er sich etwa befand und wie spät es war. Die Sternbilder dienten so besonders den Seefahrern zur Orientierung. Aber auch in der Wüste waren sie eine wichtige Hilfe, um die Richtung festzustellen und den Weg zu finden.

Bewegen sich die Sternbilder?

Für uns Menschen sieht es so aus, als würden sich die Sternbilder im Lauf einer Nacht bewegen. Das kannst du sehen, wenn du zum Beispiel den Großen Wagen beobachtest. Wenn du in einer Nacht ein paarmal hinauf zum Himmel blickst, sieht es so aus, als würde er wandern. Aber eigentlich bewegen sich die Sternbilder nicht, denn der Stand der Sterne ist fest. Allerdings dreht sich die Erde, und deshalb sieht es von hier unten auf der Erde so aus, als würden die Sterne an uns vorbeiziehen. Eine Ausnahme ist der Polarstern, der als Einziger fest an seinem Platz zu stehen scheint. Wenn du auf eine drehbare Sternkarte schaust, weißt du auch, warum. Der Polarstern befindet sich genau

Info für Schlauberger

Ihre einjährige Reise um die Sonne unternimmt die Erde auf ihrer Bahn im Weltall. Das ist auch der Grund, warum wir Monat für Monat an anderen Sternbildern vorbeireisen. Manche Sternbilder, wie den Großen Wagen, sehen wir das ganze Jahr, aber eben immer an anderen Positionen.

an der Stelle, wo der Mittelpunkt der Karte liegt. Meistens steckt dort eine kleine Klammer, um die sich die Karte drehen lässt.

Die Sterne des Großen Wagens am nächtlichen Himmel

Wie kann ich die Sterne am besten beobachten?

Am besten kannst du den Sternenhimmel mit einem Fernrohr, auch Teleskop genannt, erforschen. Das Fernrohr ist ein wichtiges Instrument zur Erkundung des Universums, da man mit ihm entfernte Gegenstände scheinbar ganz nah sieht. Es wurde 1600 in Holland erfunden und seither immer weiter verbessert. Beim Kauf eines Fernrohrs solltest du Folgendes beachten: Wichtiger als die Vergrößerungsleistung ist der Durchmesser des Objektivs. Denn davon hängt es ab, wie viel Licht das Fernrohr sammeln kann. Mit einem Fernrohr mit großem Objektiv kannst du dann auch schwach strahlende Sterne sehen. Außer einem Fernrohr sind vor allem eine drehbare Sternkarte und ein übersichtlicher Sternatlas zur Beobachtung der Sterne wirklich praktisch.

Wie alt werden Sterne?

Jeder Stern durchläuft eine spannende Entwicklung: Zuerst sind da nur große Gas- oder Staubansammlungen irgendwo in einer Galaxie, also in einem bestimmten Sternsystem. Gas und Staub bilden dann Wolken, die zu einem großen Teil aus dem Gas Wasserstoff bestehen. Aus diesen Wolken entstehen Sternhaufen. Wenn es in einem solchen Sternhaufen zu einer Verdichtung kommt, beginnt das Leben eines Sterns, das Milliarden von Jahren dauert. Leichte und mittelschwere Sterne verbrennen ihren Vorat an Wasserstoff in etwa zehn bis 15 Milliarden Jahren und verwandeln ihn in Helium.

Das Leben eines Sterns beginnt in einem Sternhaufen; hier: ein Doppelsternhaufen.

Kann ein Stern sterben?

Wenn das Leben eines Sterns zu Ende geht bläht er sich auf und wird damit 100-mal größer als zuvor. In diesem Stadium seiner Entwicklung nennt man ihn „Roter Riese". Erst wenn der Brennstoff vollständig verbraucht ist, bleibt der Kern in der Mitte übrig: ein sehr heißer Weißer Zwerg. Wenn dieser heiße Kern dann ausgekühlt ist, bleibt nur eine kleine dunkle Kugel zurück, die man „Schwarzer Zwerg" nennt.

Gibt es im Weltraum wirklich Zwerge?

Ja, es gibt sie nicht nur im Märchen, sondern auch im Weltraum: Zwerge. Wenn Sterne sterben, blähen sie sich auf. Nachdem ihr gesamter Brennstoff verbraucht ist, bleibt nur der sehr heiße Kern in der Mitte übrig, der dann „Weißer Zwerg" genannt wird. In der Folge wird aus dem Weißen Zwerg ein Schwarzer Zwerg, da nur eine kleine dunkle Kugel von ihm zurückbleibt, nachdem er sich abgekühlt hat.

Enden alle Sterne als Schwarze Zwerge?

Einige Sterne beenden ihr Leben auf weniger friedliche Weise. Das sind die Sterne mit sehr viel Masse. Sie werden bereits nach einigen Millionen Jahren zu Roten Riesen und explodieren dann mit einem gigantischen Blitz. Einige von ihnen können sogar zu Schwarzen Löchern werden.

Welche Arten von Zwergen gibt es noch?

Außer den Weißen und Schwarzen Zwergen gibt es die Braunen Zwerge im Weltraum. Das sind sehr kleine, kühlere Sterne mit wenig Masse. Die Roten Zwerge sind die häufigsten Sterne im All. Sie

Sterne und Galaxien

leuchten, wie ihr Name schon sagt, rot und haben eine Temperatur von rund 3000 Grad Celsius. Die Sonne dagegen ist ein Gelber Zwerg, dessen Wasserstoff recht langsam verbrennt. Gelbe Zwerge sind ungefähr 5500—6000 Grad Celsius heiß. Die Unterzwerge schließlich sind sehr alte Sterne, die nicht mehr so kräftig leuchten.

Was sind die Riesen im All?

Riesen existieren ebenfalls im All. So nennt man die Riesensterne, die entweder sehr groß sind oder besonders hell leuchten. Die Riesen können um ein Vielfaches größer sein als unsere Sonne. Die sogenannten Überriesen sind noch gigantischer und bis zu 1000-mal größer als die Sonne. Diese Riesensterne kommen zwar nicht sehr häufig vor, aber immerhin kann man sie schnell erkennen. Einer in unserer Nähe ist Pollux. Der gelb-orange Riese wird sich erst noch zu seiner vollen Größe aufblähen. Das wird allerdings noch einige Tausend Jahre dauern.

Was ist ein Roter Riese?

Ein Roter Riese ist ein Stern vor dem Ende seines Lebens, der sich aufgebläht hat und dann abgekühlt ist. Er besitzt eine rot leuchtende Außenhülle und ist damit ein sehr heller Stern. Die Sonne zum Beispiel brennt seit fünf Milliarden Jahren und wird noch einmal so lange bestehen. Dann wird sie sich zu einem Roten Riesen aufblähen und schließlich zu einem Weißen Zwerg schrumpfen. Den roten Riesenstern Beteigeuze kannst du aufgrund der rötlichen Färbung sogar mit bloßem Auge im Sternbild Orion erkennen.

Was ist eine Supernova?

Sterne mit besonders großer Masse beschließen ihr Dasein nicht so friedlich wie Sterne, die als kleine Schwarze Zwerge enden. Diese schweren Sterne sind sehr heiß und leuchten sehr stark. Sie verbrauchen ihre Energie daher schneller als leichtere Sterne. Sie werden bereits nach einigen Millionen Jahren zu Roten Riesen. Am Ende explodieren sie und verglühen in einem ungeheuren Blitz. Einen Stern, der so explodiert, bezeichnet man als „Supernova". Diese kann ein paar Tage oder sogar Wochen lang heller strahlen als eine ganze Galaxie, also als ein ganzes Sternsystem zusammen. Was von dieserart Sternen meist übrig bleibt, ist ein Neutronenstern. Die massereichsten der Supernova-Sterne werden zu Schwarzen Löchern. Ihre Anziehungskraft ist so groß, dass sie alles, was in ihre Nähe kommt, einsaugen. Selbst das Licht kann nicht mehr aus ihnen entweichen, deswegen sind sie vollkommen dunkel. Auch Weiße Zwerge können übrigens als Supernova explodieren. Das kommt aber nur selten vor.

Die Explosionswolke einer Supernova

Was ist eine Galaxie?

Sterne sind nicht beliebig im Weltall verstreut, sondern gehören zu Galaxien. Galaxien sind riesengroße Sternfamilien im unendlichen Universum, die von der Schwerkraft zusammengehalten werden. Jede Galaxie enthält unzählige alte und junge Sterne. Einige Galaxien sind spiralförmig, andere linsenförmig, manche haben aber auch keine bestimmte äußere Form. Im Weltall gibt es sehr viele Galaxien, von denen mehrere einen Galaxiehaufen (Cluster) bilden. Unser Stern, die Sonne, gehört zum großen Sternsystem unserer Galaxie, der Milchstraße.

Gibt es unterschiedliche Arten von Galaxien?

Es gibt sehr viele unterschiedliche Arten von Galaxien. Sie unterscheiden sich nicht nur durch ihre Form, sondern auch durch ihre Größe, Masse und den Energieausstoß. Normalerweise bekommen Galaxien ihre Energie und ihr Licht aus Kernreaktionen in den Sternen. In den aktiven Galaxien wird enorm viel Energie umgesetzt und Wissenschaftler vermuten in ihrem Innern sehr gefräßige Schwarze Löcher, die Materie verschlucken und diese hohen Energieumsätze verursachen.

Ist die Milchstraße weiß?

Die Milchstraße ist die Galaxie, in der wir leben. Sie wird auch Galaxis genannt. Im Spätsommer kannst du am Abend ein funkelndes Sternenband am Himmel erkennen. Das ist das Stück unserer Galaxie, das wir von der Erde aus sehen können. Den

Namen bekam die Milchstraße, weil sie von der Erde aus wie ein milchiger Pinselstrich aussieht. Dass dieser Milchstrich in Wirklichkeit aus Milliarden von Sternen besteht, entdeckte erst 1609 Galileo Galilei (1564–1642), der die Milchstraße als Erster durch ein Fernrohr betrachtete.

Was ist der Andromedanebel?

Der Andromedanebel ist eine der Galaxien, die unserer am nächsten sind. Er ist spiralförmig und so groß, dass du ihn auch ohne Teleskop an einem sehr dunklen Nachthimmel erkennen kannst. Der Andromedanebel ist über drei Millionen Lichtjahre von der Erde entfernt. Bis in das 20. Jahrhundert

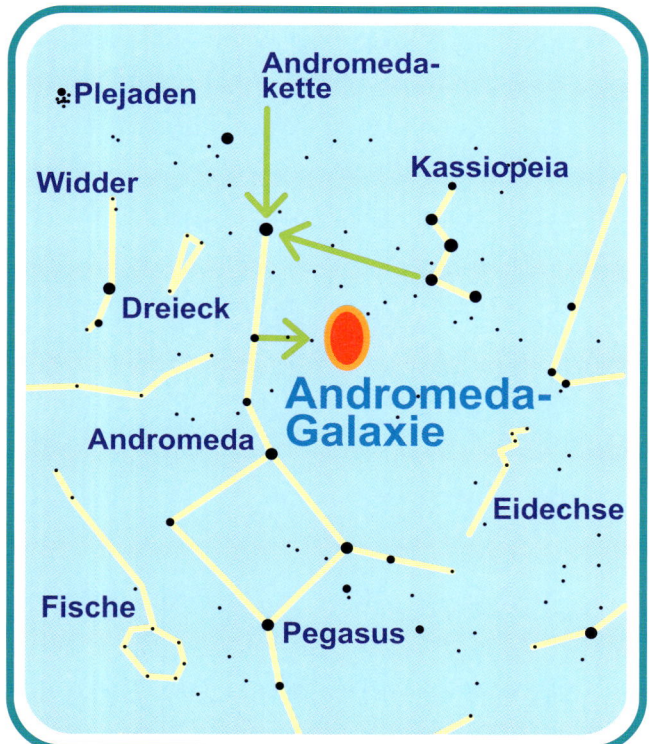

Wie findet man die Andromeda-Galaxie? Verlängere vom Himmels-W (Kassiopeia) die rechte Linie bis zur Kette von Andromeda, springe dann vom zweiten Stern der Andromedakette zwei Sterne nach rechts. Rechts neben dem zweiten Stern kann man dann die Andromeda-Galaxie als Nebelfleck erkennen.

Sterne und Galaxien

hielt man die Milchstraße für die einzige Galaxie im Universum. Heute wissen wir, dass sie nur eine von etwa 100 Milliarden Galaxien ist.

Wie sieht die Magellansche Wolke aus?

Von der Südhalbkugel der Erde aus kannst du die Große und die Kleine Magellansche Wolke als neblige Flecken am Nachthimmel sehen. Diese Nachbargalaxien der Milchstraße fliegen parabelförmig, das heißt kurvenförmig, an unserer Galaxie vorbei. Ihren Namen haben die zwei Galaxien nach Ferdinand Magellan (1480–1521), dem ersten Weltumsegler, erhalten. Die Große Magellansche Wolke ist etwa 165.000 Lichtjahre von der Erde entfernt.

Wo befindet sich die Lokale Gruppe?

Als Lokale Gruppe bezeichnet man einen Galaxienhaufen, zu dem auch unsere Milchstraße gehört. Die Nachbargalaxien wie der Andromedanebel und die Magellanschen Wolken gehören ebenfalls dazu. Mittlerweile zählen etwa 30 Galaxien zur Lokalen Gruppe und ständig kommen

Wissenswertes zur Lokalen Gruppe

Die Mitglieder der Lokalen Gruppe befinden sich in einem Umkreis von etwa fünf Millionen Lichtjahren Durchmesser. Die meisten von ihnen scharen sich aber um die beiden großen Galaxien Milchstraße und Andromedanebel.

neue Mitglieder hinzu. Der Andromedanebel, auch bekannt unter der Nummer M 31, ist die größte Galaxie der Lokalen Gruppe. Unsere Milchstraße ist die zweitgrößte Galaxie. Die Galaxien der Lokalen Gruppe werden durch die Gravitation, also durch die Anziehungskraft, zusammengehalten.

Gibt es im Universum einen Kohlensack?

Ja, aber der ist nicht mit schwarzen Kohlen gefüllt, sondern ein Teil der südlichen Milchstraße. Der Kohlensack ist eine große Staubmasse, die das Licht der dahinterliegenden Sterne verschluckt, und wird auch Dunkelnebel genannt. Schon die alten Seefahrer kannten diese Stelle am Himmel und haben sie „Kohlensack" getauft.

Wo findet man den Pferdekopf?

Der Pferdekopfnebel ist sehr bekannt, wahrscheinlich aufgrund seiner Form, der er auch den Namen verdankt. Er ist eine Dunkelwolke im Sternbild Orion und etwa 1500 Lichtjahre von unserer Erde entfernt. Zum elften Geburtstag des Hubble-Weltraumteleskops veranstaltete die NASA eine Umfrage, was das Teleskop zu diesem Jubiläum fotografieren solle. Der Gewinner war der Pferdekopfnebel.

Der Pferdekopfnebel befindet sich im Sternbild Orion.

Was ist ein Superhaufen?

Bei einem Superhaufen haben mehrere Galaxien eine Art Lebensgemeinschaft gebildet. Die Lokale Gruppe mitsamt unserer Milchstraße gehört zum Virgo-Superhaufen. Im Zentrum des Virgo-Superhaufens befindet sich der Virgo-Galaxienhaufen, der aus mehr als 1300 Galaxien besteht. Die erste der zahlreichen Mitgliedsgalaxien des Virgo-Galaxienhaufens entdeckte der französische Astronom Charles Messier (1730-1817) im Jahr 1771. Diese Galaxie wurde nach ihm Messier 49 genannt.

Wie viele Galaxien gibt es?

Bis Anfang des 20. Jahrhunderts ging man davon aus, dass unsere Galaxie die einzige ist. Doch im Jahr 1923 entdeckte der Astronom Edwin Powell Hubble (1889—1953) durch sein Spiegelteleskop, dass der Andromedanebel eine eigene Galaxie bildet. Zwar war der Andromedanebel schon lange bekannt, aber man wusste nichts über ihn. In den darauffolgenden Jahren entdeckte Hubble noch viele weitere Galaxien. Aber auf die Frage, wie viele Galaxien es nun wirklich gibt, können die Wissenschaftler auch heute keine exakte Antwort geben. Mit den modernen Teleskopen, die ihnen inzwischen zur Verfügung stehen, können die Forscher schon Milliarden anderer Galaxien sehen. Aber es werden ständig neue entdeckt, sodass ihre wahre Anzahl noch viel höher liegen dürfte.

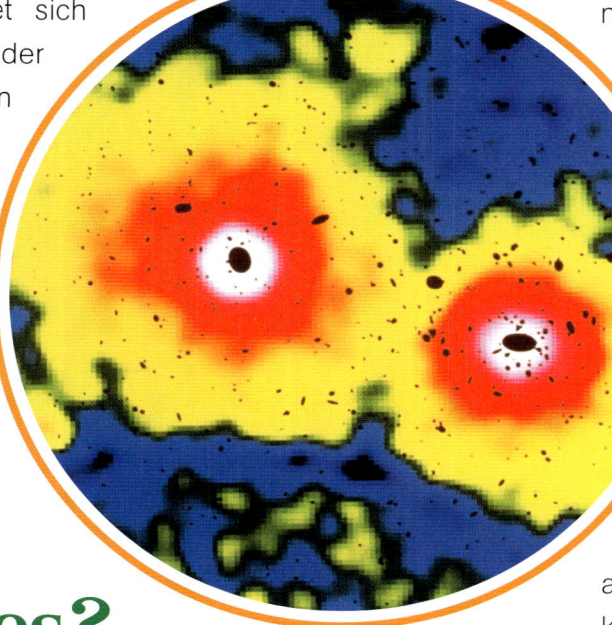

Satellitenaufnahme eines Galaxienhaufens

Welche Form hat unsere Galaxie?

Von oben betrachtet sieht das Milchstraßensystem aus wie ein Wirbel, in dessen Mitte ein weißer Nebel von Sternen steht. Daher gehört das Milchstraßensystem zu den sogenannten Spiralgalaxien. Von der Seite sieht es wie eine flache Scheibe aus. Diese Form kommt zustande, weil sich in der Mitte der Galaxie ein Kern aus vielen Sternen befindet, um den sich ganze Sternenbänder drehen. In einem dieser Sternenbänder gibt es einen Stern mit acht Planeten, die ihn umkreisen, unsere Sonne. Insgesamt gehören etwa 100 Milliarden Sterne zum Milchstraßensystem.

Welche Namen bekommen die Galaxien?

Um den Überblick über die vielen bisher entdeckten Galaxien nicht zu verlieren, werden sie der Einfachheit halber nummeriert. Manche aber haben so eigenartige Formen, dass man sie doch nach ihrem Aussehen benannt hat. So trägt die Galaxie M 104 beispielsweise den schönen Namen Sombrero-Galaxie.

Sterne und Galaxien

Stichwort Schwarzes Loch

In der Mitte der Milchstraße liegt vermutlich ein Schwarzes Loch. Bis vor etwa 350 Jahren war es sehr aktiv und verschluckte reichlich Materie in seiner nächsten Umgebung. Im Moment scheint es sich in einem Ruhezustand zu befinden. Wissenschaftler nennen dieses Schwarze Loch Sagittarius A* (Sagittarius = Schütze), weil es im Sternbild Schütze liegt.

Welche ist die erdnächste Galaxie?

Blickt man nachts zum Himmel hinauf, so ist er bei klarer Sicht voller Sterne. Jeder dieser Sterne ist ein unserer Sonne ähnlicher, selbst leuchtender Himmelskörper. Doch die wenigsten Sterne besitzen Planeten, die um sie kreisen. Die meisten Sterne, die wir nachts sehen, gehören noch zur Milchstraße, die aus ungefähr 100 Milliarden Sternen besteht. Die der Milchstraße nächstliegende Galaxie ist der Andromedanebel oder auch Andromeda-Galaxie genannt. Sie hat zwei kleinere Begleitgalaxien mit den Namen M 32 und M 110 und ist etwa drei Millionen Lichtjahre von uns entfernt.

Wer ist der Große Attraktor?

Vor etwa 25 Jahren untersuchte eine Gruppe von sieben Wissenschaftlern, die bald den Spitznamen „Sieben Samurai" erhielt, etwa 500 Galaxien. Durch viel geduldige Arbeit entdeckten die Wissenschaftler dann den Großen Attraktor. Das ist ein Gebilde im All, das eine ungeheure Anziehungskraft hat, aber wahrscheinlich kein Schwarzes Loch ist. Niemand weiß bisher, was genau dieses Gebilde ist, aber die Messungen der Wissenschaftler zeigten, dass es existiert! Warum der Große Attraktor allerdings eine solche Anziehungskraft ausübt, dass sich etwa 400 Galaxien auf ihn zubewegen, konnte bisher nicht geklärt werden.

Was ist ein Planet?

Die Planeten und andere Himmelskörper bildeten sich vor etwa 4,6 Milliarden Jahren aus dem Material, das bei der Entstehung der Sonne übrig geblieben war. Die Sonne war von einer Wolke aus Gas (Wasserstoff und Helium) und Staub (Eisen, Gestein und Eis) umgeben. Dieser Nebel flachte sich allmählich zu einer rotierenden Scheibe ab und der Staub sammelte sich zu festen Klumpen, aus denen sich Merkur, Venus, Erde und Mars bildeten. Weiter außen in unserem Sonnensystem wurden Eis, Staub und gasförmige Materie zu den Planeten Jupiter, Saturn, Uranus und Neptun verbunden.

Der Andromedanebel

Was sind Kometen?

Ein Komet ist ein kleiner Himmelskörper, dessen Kern meist nur wenige Kilometer groß ist. Er ist von einer Hülle umgeben, die sich bis zu 100.000 Kilometern ausdehnen kann. Der Begriff „Komet" kommt aus dem Griechischen und bedeutet „Haarstern", denn alle Kometen haben einen Schweif. Dieser Schweif kann eine Länge von 30 bis 300 Millionen Kilometer erreichen. Kometen bewegen sich auf eiförmigen Bahnen um die Sonne. Deshalb kommen sie in Abständen auch immer wieder an der Erde vorbei. Ein Komet verliert mit jedem Umlauf um die Sonne einen geringen Teil seiner Masse. Dadurch wird er immer kleiner und ist nach einigen Hundert Sonnenumläufen kaum noch als Komet zu erkennen.

Woher haben die Kometen ihre Namen?

Die Kometen werden nach den Wissenschaftlern benannt, die sie entdeckt haben. Die Kometen Bennett und West wurden in den 1970er-Jahren gesichtet und nach ihren Entdeckern John Caister Bennett (1914—1990) und Richard Martin West (geb. 1941) benannt. Zusätzlich erhalten Kometen von der Internationalen Astronomischen Union einen Namen, der sich aus dem Entdeckungsjahr und einem großen Buchstaben zusammensetzt. Dazu kommt dann noch eine Zahl, damit man die verschiedenen Kometen besser unterscheiden kann.

Welcher Komet kehrt erst in etwa 3500 Jahren zurück?

Die amerikanischen Astronomen Alan Hale (geb. 1958) und Thomas Bopp (geb. 1949) entdeckten am 22. Juni 1995 unabhängig voneinander einen Kometen. Der eine schaute in New Mexico in den Himmel und der andere in Arizona. Der Komet erhielt darauf den Namen Hale-Bopp und den amtlichen Titel Komet C/1995 O1. Im März und April des Jahres 1997 konnten die Menschen auf der Erde den Kometen mit bloßem Auge erkennen. Allerdings wird er nun erst in etwa 3500 Jahren wieder von der Erde aus zu sehen sein.

Wie oft kommt der Halleysche Komet an der Erde vorbei?

Der Halleysche Komet ist einer der bekanntesten Kometen, da er sich in regelmäßigen Zeitabständen in Erdnähe befindet und dann mit bloßem Auge zu erkennen ist. Er saust seit über 2000 Jahren, genau alle 76 Jahre, in gebührendem Abstand

Der Komet Halley am 19. März 1986

Sterne und Galaxien

an uns vorbei. Der britische Astronom Edmond Halley (1656—1742) erkannte im Jahr 1705 diese Regelmäßigkeit und sagte das erneute Eintreffen des Kometen für 1758 voraus. Tatsächlich wurde der Komet in der Weihnachtsnacht 1758 von dem deutschen Astronom Johann Georg Palitzsch (1723—1788) wieder gesichtet.

Warum hatten die Menschen früher Angst vor Kometen?

Die Menschen glaubten früher, dass Kometen böse Vorzeichen seien, die das Ende der Welt, große Hungersnöte und Krankheiten ankündigten. Außerdem fürchteten sich die Menschen, dass ein Komet mit der Erde zusammenstoßen könnte und dies das Ende der Welt bedeuten würde. Für den 16. Oktober des Jahres 1736 wurde dieserart Weltuntergang in England vorhergesagt. Die Menschen hatten große Angst und der Erzbischof von Canterbury versuchte die Menschen mit Gebeten und Tröstungen zu beruhigen.

Wie tief fällt man in einem Schwarzen Loch?

Sehr tief könnte man sagen, denn die Schwarzen Löcher lassen nichts wieder los, was sie einmal verschluckt haben. Sie entstehen aus Sternen, die mehr als dreimal so schwer sind wie die Sonne. Am Ende ihres Lebens stürzen diese Sterne in sich zusammen. Dabei entsteht ein Schwarzes Loch mit einer unvorstellbar hohen Dichte im Zentrum. Seine Schwerkraft ist so stark, dass nichts, was hineinfällt, jemals entkommen kann. Nicht einmal das Licht kann entweichen, weshalb das Loch vollkommen schwarz ist. Da es sich so nicht vom Hintergrund abhebt, kann man es nicht erkennen. Die Wissenschaftler haben aber spezielle Methoden entwickelt, um Schwarze Löcher nachzuweisen.

Künstlerische Darstellung einer aktiven Galaxie mit einem Schwarzen Loch im Zentrum

Was ist Dunkle Materie?

Die Wissenschaftler nennen Massen so, die nicht sichtbar sind. Sie wissen zwar genau, dass diese Materie existiert, aber nicht genau, woraus sie besteht. In Galaxienhaufen gibt es gewöhnliche, also sichtbare Materie. Das sind Sterne, Planeten und heißes Gas. Aber die Galaxie wird von einer weit größeren Masse, der dunklen Materie, zusammengehalten. Ohne die Anziehungskraft dieser dunklen Materie würden die Galaxien einfach auseinanderfliegen.

Hast du schon mal LGM gesehen?

LGM ist eine Abkürzung und bedeutet „Little Green Men". Übersetzt heißt das „kleine grüne Männchen". In England entdeckten Forscher 1967 einen Pulsar, also einen sich unglaublich schnell drehenden Neutronenstern, und glaubten zuerst, es wären Signale von Außerirdischen. Daher gab man diesem Pulsar, der 30-mal in der Sekunde blinkt, den Namen LGM 1. Wie viele Pulsare es gibt, weiß man nicht so genau, aber die Wissenschaftler haben seit 1967 Hunderte von ihnen entdeckt.

Welcher Himmelskörper hat die höchste Temperatur?

Für alle Sterne gibt es einen Anfang und ein Ende: Sie entstehen in großen Gas- oder Staubansammlungen irgendwo in einer Galaxie, indem Wasserstoff zu Helium verschmolzen und dadurch für Milliarden von Jahren Energie erzeugt wird. Am Ende dehnen sich manche Sterne aus und sind dann 100-mal größer als vorher, weil sich ihre rote Hülle immer weiter vom weißen Kern entfernt. Das sind die Roten Riesen. Ist der Brennstoff verbraucht, bleibt nur ein heißer Kern zurück, ein Weißer Zwerg. Erst kürzlich wurde in einem planetarischen Nebel mit dem Namen „Insektennebel" ein Weißer Zwerg entdeckt. Er ist der heißeste Stern, den wir momentan kennen. Seine Oberflächentemperatur beträgt fast 200.000 Grad Celsius. Auf unserer Sonne ist es dagegen mit nur etwa 5700 Grad Celsius recht frisch.

Wie werden die Entfernungen im Weltraum gemessen?

Der Weltraum ist unvorstellbar groß. Deshalb reicht es nicht aus, die Entfernungen zwischen Sternen in Kilometern anzugeben. Die Zahlen würden viel zu groß werden und deshalb misst man die Entfernungen mit Licht. Und Licht bewegt sich so schnell, dass wir gar nicht merken, dass es sich überhaupt bewegt. Aber es hat eine Geschwindigkeit von rund 300.000 Kilometern in der Sekunde und darauf gründet sich die wichtigste Entfernungseinheit der Astronomie: das sogenannte Lichtjahr.

Was ist ein Lichtjahr?

Ein Lichtjahr ist die Strecke, die das Licht im luftleeren Raum innerhalb eines Erdenjahres, also in 365 Tagen, zurücklegt. Ein Lichtjahr entspricht knapp zehn Billionen Kilometern. Wegen seines Namens könnte man vermuten, dass es sich bei einem Lichtjahr um eine Zeiteinheit handelt. Das Lichtjahr ist jedoch keine Zeitangabe, sondern eine Angabe für sehr große Entfernungen.

Wie schell ist das Licht?

Das kannst du dir gut vorstellen, wenn du den Mond betrachtest. Was glaubst du, wie lange das Licht braucht, um zum Beispiel von der Erde zum Mond zu gelangen? 1,3 Sekunden! Diese Zeit, in der das Licht immerhin von der Erde zum Mond reisen kann, brauchen wir, um gerade einmal vom Stuhl aufzustehen! Und dabei ist der Mond circa 384.000 Kilometer von der Erde entfernt. Von der Sonne zur Erde benötigt das Licht etwas mehr Zeit, nämlich 8,3 Minuten.

Das Zwillingsparadoxon

Das Zwillingsparadoxon ist ein Gedankenexperiment, das einen scheinbaren Widerspruch beschreibt: Ein Zwilling bleibt auf der Erde zurück, der andere macht einen langen Weltraumausflug mit annähernd Lichtgeschwindigkeit. Wenn er zurückkommt, ist sein auf der Erde gebliebener Zwillingsbruder deutlich älter als er.

Sterne und Galaxien

Formel der Relativitätstheorie von Albert Einstein als Skulptur vor dem Alten Museum in Berlin

Ist die Zeit immer die gleiche?

Der Physiker Albert Einstein (1879–1955) veröffentlichte bereits im Jahr 1905 seine Relativitätstheorie. In dieser Theorie über Raum und Zeit behauptet Einstein, dass die Zeit sich verlangsamt, wenn man sich sehr schnell bewegt. Endgültig bewiesen wurde diese Theorie aber erst vor einigen Jahren, als man eine sehr genau gehende Atomuhr in der Erdumlaufbahn um die Erde schoss.

Kann man in der Zeit reisen?

Wohin soll es denn gehen: in die Vergangenheit zu den Rittern oder Indianern oder in die Zukunft? Natürlich kannst du in der Zeit reisen, wohin und wann immer du willst. Aber bisher nur in der Fantasie. Eine Reise in die Zukunft ist theoretisch möglich, das sagt auch die Relativitätstheorie. Das Problem ist nur, dass wir bis heute noch keine Raumschiffe bauen können, die annähernd Lichtgeschwindigkeit erreichen können, und das wäre die Voraussetzung für eine solche Zeitreise.

Gibt es Leben außerhalb der Erde?

Noch ist kein kleines grünes Männchen oder eine andere außerirdische Intelligenz zu uns auf die Erde gekommen. Und auch unsere ersten Schritte in den Weltraum blieben ohne Begegnung. Wir Menschen haben inzwischen den Mond besucht und erforschen andere Planeten wie den Jupiter, den Mars oder die Venus. Doch bisher wurden noch keine Bewohner ferner Planeten gefunden. Die Wissenschaftler sind allerdings davon überzeugt, dass es irgendwo im Weltraum Leben gibt.

Alf, der Held einer amerikanischen Serie, ist einer der beliebtesten Außerirdischen.

Waren schon einmal Außerirdische auf der Erde?

Da es bisher nirgendwo Hinweise darauf gibt, dass außer auf unserer Erde noch anderes intelligentes Leben existiert, können wir momentan nicht davon ausgehen, dass uns Außerirdische mit einem Raumschiff schon einmal einen Besuch abgestattet haben. Selbst wenn wir annehmen, dass es im Universum noch anderes Leben gibt, sind die Entfernungen so groß, dass es schon ein Riesenzufall sein müsste, wenn die Fremdlinge bei uns landen.

Ein Astronaut berichtet

Dr. Reinhold Ewald ist Astronaut der Mir 97 Mission und heute Leiter für den Missionsbetrieb im Columbus Kontrollzentrum der ESA. Für unser Weltraumbuch haben wir ihn über seinen Beruf und seine spannenden Erfahrungen im Weltall befragt. Die Fragen haben sich Nils und Lisa Landwehr, 13 Jahre, ausgedacht.

ESA-Astronaut Dr. Reinhold Ewald

Interview mit Dr. Reinhold Ewald

Was hat Sie an diesem Beruf so begeistert? Warum sind Sie Astronaut geworden?

Ich habe Physik und Medizin studiert, aber die Astronomie hat mich schon immer interessiert. Dann gab es die Chance, sich als Astronaut zu bewerben, und ich habe mitgemacht. Das ist spannend, egal wie viele sich bewerben, dachte ich. Auf einmal war ich in der Finalrunde und habe auch die gesundheitlichen Voraussetzungen erfüllt. Es hat alles gepasst.

Wie sicher fühlten Sie sich bei Ihrem ersten Start?

Bevor es überhaupt so weit war, habe ich zweimal eineinhalb Jahre in Russland trainiert. Wir haben den Flug in der Sojus-Kapsel in einem Simulator trainiert, und beim ersten Flug war es dann gar nicht viel anders als in der Simulation. Ich hatte keine Angst, denn ich hatte schon einen langen Vorbereitungsweg hinter mir und kannte die Systeme genau.

Wie fühlt man sich in der Schwerelosigkeit?

Das ist ein ganz komisches Gefühl. Wir flogen mit der Rakete ins All und haben von einer unglaublichen Beschleunigung auf Null abgebremst. Und plötzlich ist alles schwerelos. Ein Stift kam vorbeigeflogen und man wusste nicht mehr so genau, wo unten und oben ist. In der Mir selbst hatten wir dann mehr Platz und konnten uns in der Schwerelosigkeit richtig bewegen. Nur hüpfen sollte man da nicht, das gibt blaue Flecken.

Hat man im All ein anderes Zeitgefühl?

Nein, denn wir haben einen sehr straffen Zeitplan. 16 Stunden

Hans Schlegel und Reinhold Ewald im Schwebe-
zustand beim Simulatortraining

arbeiten und acht Stunden schlafen ist normal. Wir
stehen gegen sechs Uhr auf, frühstücken um acht
Uhr und dann gibt es auch meist schon die erste
Konferenz mit dem Bodenzentrum. Dann wird bis
abends gearbeitet und ab 22 Uhr ist Bettruhe.

Wie eng ist die Gemeinschaft unter den Astronauten?

Man kann sich natürlich nicht aussuchen, mit wem
man fliegt. Aber vor dem Flug trainiert man als Besatzung zwei Jahre zusammen in Japan, Kanada,
Russland, Deutschland und den USA. Sollte es mal
überhaupt nicht klappen, dann kann eventuell auch
ein Besatzungsmitglied ausgewechselt werden.
Das ist wie mit den Freundschaften im richtigen
Leben auf der Erde — einige halten eine lange Zeit
und andere Menschen sieht man eben nicht oft
wieder.

Sind Sie schon in eine schwierige Situation geraten?

Bei meinem Aufenthalt auf der Mir hat es gebrannt.
Ein Sauerstoffgerät war explodiert. Wir haben dann
alle zuerst die Gasmasken aufgesetzt und dann

den Brand mit dem Feuerlöscher gelöscht. Es hat
ziemlich lange gedauert, bis sich der dicke Qualm
wieder verzog und wir ohne Masken atmen konnten. Wir hatten da alle eine schlaflose Nacht.

Wie lange dauert ein Außen-bordmanöver?

So etwa sechs bis
acht Stunden.
Das ist für die
zwei Astronauten
sehr anstrengend.
Es gehen immer zwei
Astronauten hinaus, damit
sie sich gegenseitig helfen
können. Nach ihrer Arbeit
kommen sie durch die Schleu-
senkammer wieder herein, und falls es einmal bei
der ersten Schleuse nicht klappt, weil zum Beispiel
die Tür nicht richtig schließt oder der Luftdruck nicht
wiederhergestellt werden kann, gibt es auch zur
Sicherheit noch eine Ersatzschleuse.

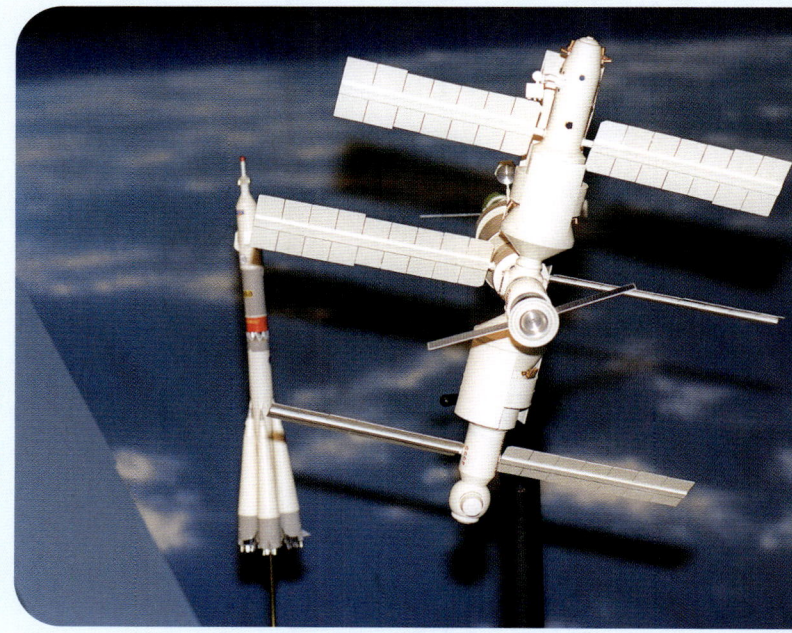

Das Foto zeigt ein Modell der russischen Raumstation Mir und der Sojus TM-22-Rakete.

Seit wann fliegen Menschen ins All?

Nach Ende des Zweiten Weltkriegs kam es zu einem großen Wettstreit zwischen den Vereinigten Staaten vor Amerika und der Sowjetunion. Die Wissenschaftler in den USA und der Sowjetunion bemühten sich, einander auf dem Gebiet der Raumfahrt zu überbieten. Am Anfang sah es so aus, als würden die Forscher aus der Sowjetunion dieses Wettrennen klar gewinnen. Im Jahr 1957 gelang es ihnen, mit Sputnik 1 den ersten Satelliten in die Erdumlaufbahn zu schießen. Und am 12. April 1961 umkreiste Juri Gagarin (1934—1968) in der Raumkapsel Wostok 1 als erster Mensch die Erde. Aber die große Stunde der amerikanischen Wissenschaftler sollte auch noch kommen. Acht Jahre später betrat der amerikanische Astronaut Neil Armstrong (geb. 1930) als erster Mensch den Mond und hisste dort die amerikanische Flagge.

Juri Gagarin umrundete als erster Mensch die Erde.

Wer waren die ersten Menschen im All?

Im Jahr 1961 war es so weit: Der erste Mensch flog ins All. Am 12. April umrundete der sowjetische Fliegeroffizier Juri A. Gagarin (1934—1968) mit der Raumkapsel Wostok 1 in 108 Minuten einmal die Erde. Kaum drei Monate später, am 5. Mai 1961, flog der ehemalige Pilot Alan Shepard (1923—1998) als erster Amerikaner in den Weltraum. Sein Flug dauerte eine Viertelstunde. Schließlich umrundete John Glenn (geb. 1921) am 20. Februar 1962 als erster Amerikaner die Erde. In vier Stunden, 55 Minuten und 23 Sekunden gelang es ihm, die Erde gleich drei Mal zu umkreisen.

Welches waren die ersten Worte aus dem All?

Die ersten Worte, die aus dem All zur Erde gesendet wurden, waren: „Ich sehe die Welt in Dunst gehüllt." Der sowjetische Raumfahrer Juri Gagarin (1934—1968) war der erste Mensch im Weltall und schickte diesen Funkspruch los, als er am 12. April 1961 die Erde im Raumschiff Wostok 1 umkreiste.

Welches war das erste Lebewesen im All?

Laika vor ihrem Weltraumflug

Kaum einen Monat nach dem erfolgreichen Start des Satelliten Sputnik 1 wurde die Welt von einer neuen Nachricht überrascht: Am 3. November 1957

Raumfahrt und Technik

startete vom russischen Raketenstartplatz Baikonur die Sputnik 2. An Bord war kein technisches Gerät, sondern tatsächlich ein Hund. Die Hündin Laika war etwa drei Jahre alt, als sie als erstes Lebewesen ins Weltall flog. Laika kehrte nicht zur Erde zurück, sondern verstarb, vermutlich aufgrund mangelnder Isolierung der Sputnik, im All.

Flogen noch andere Tiere ins All?

Ja, es gab noch weitere tierische Raumfahrer. Der Schimpanse Ham flog im Januar 1961 ins All und kehrte gesund und munter auf die Erde zurück. Er starb 1983, 22 Jahre nach seinem Weltraumabenteuer. Laika war auch nicht der einzige Hund, der ins All geschossen wurde. Obwohl ihr Tod weltweite Demonstrationen auslöste, starteten weitere Hunde vom Raketenstartplatz Baikonur aus ins All. Durch Aufenthalte in kleinen Käfigen und in Vorrichtungen, die die Beschleunigung bei einem Raketenstart nachstellten, wurden sie auf die Raumflüge vorbereitet. Die ersten Tiere, die lebend aus dem All zurückkehrten, waren im Jahr 1960 die Hunde Strelka und Belka.

Wann gelang die erste Mondlandung?

Sowohl die Sowjetunion als auch die USA unternahmen große Anstrengungen, um als erstes Land den Mond zu erreichen. Zunächst hatte die Sowjetunion die Nase vorn. Im Januar 1959 passierte ihr unbemannter Flugkörper, die Raumsonde Lunik 1, den Mond mit nur 6000 Kilometern Abstand. Im September desselben Jahres zerschellte dann die Sonde Lunik 2 auf dem Mond. Im Oktober umrundete Lunik 3 den Mond und lieferte erste Aufnahmen von seiner Rückseite. Dennoch gelang es den USA im Juli 1969 mit der Mission Apollo 11, die ersten Menschen auf den Mond zu schicken. Die Wissenschaftler konstruierten dazu eine besondere Rakete, die Saturn V, die aus drei Teilen bestand: aus zwei Antriebsstufen, die nach dem Ausbrennen abgesprengt wurden, und einer dritten Antriebsstufe, die auch die Mondlandefähre Eagle

Apollo 11-Mission: Start der Rakete Saturn V zum Mond

enthielt. Auf dieser dritten Antriebsstufe befand sich das eigentliche Raumschiff mit der Kommandokapsel Columbia.

Wer war der erste Mann auf dem Mond?

Drei amerikanische Astronauten, Neil Armstrong (geb. 1930), Michael Collins (geb. 1930) und Edwin Aldrin (geb. 1930), wagten 1969 mit der Apollo 11-Mission den langen Weg zum Mond. Nach einigen anfänglichen Schwierigkeiten setzte Neil Armstrong am 21. Juli 1969 als erster Mensch seinen Fuß auf den Mond. Edwin Aldrin folgte Neil Armstrong nach 13 Minuten, während Michael Collins in der Apollo-Kapsel Columbia blieb. Die beiden Astronauten traten auf felsiges und staubiges Geröll. Da es auf dem Mond keine Luft, keinen Wind und keinen Regen gibt, bleiben die Fußstapfen der Astronauten für immer sichtbar. Um ein Risiko für die Männer zu vermeiden, war das Programm von Armstrong und Aldrin auf zwei Stunden begrenzt. Während dieser Zeit stellten sie die amerikanische Flagge auf, installierten eine Kamera, einen Seismografen sowie einen Laserreflektor und sammelten 22 Kilogramm Gesteinsproben ein.

Wie ging die erste Mondlandung vor sich?

Am 16. Juli 1969 startete Apollo 11 vom amerikanischen Weltraumbahnhof in Cape Canaveral aus ins All. An Bord waren die Astronauten

Der Astronaut Edwin Aldrin auf dem Mond, fotografiert von Neil Armstrong

Neil Armstrong, Edwin Aldrin und Michael Collins (alle 1930 geboren). Sie flogen in vier Tagen 375.000 Kilometer durch den Weltraum und schwenkten schließlich auf ihre Kreisbahn um den Mond ein. Daraufhin wurde die Mondlandefähre Eagle mit Neil Armstrong und Edwin Aldrin an Bord abgetrennt, während Michael Collins in der Kommandokapsel blieb. Die Mondlandefähre Eagle setzte schließlich auf der Mondoberfläche auf und Neil Armstrong betrat als erster Mensch den Mond.

Was sagte Neil Armstrong, als er auf dem Mond stand?

Die Worte, die Neil Armstrong (geb. 1930) 1969 sprach, als er seinen Fuß auf die Oberfläche des Mondes setzte, wurden für Millionen von Menschen übertragen. Der Satz „That´s one small step for man, one giant leap for mankind!" ging in die Geschichte ein. Übersetzt bedeuten seine Worte so viel wie „Das ist ein kleiner Schritt für einen Menschen, aber ein großer Sprung für die Menschheit!".

Was ist Cape Canaveral?

Cape Canaveral ist das amerikanische Raketenstartgelände in Florida. Die ersten Astronauten flogen von hier aus zum Mond und zahlreiche Raketen starteten von dem Weltraumbahnhof ins All. Nachdem der amerikanische Präsident John F. Kennedy im Jahr 1963 ermordet worden war, benannte man das Raketenstartgelände und den Küstenabschnitt in Cape Kennedy um. Allerdings konnte sich dieser Name nie durchsetzen, sodass er 1973 wieder in Cape Canaveral geändert wurde.

Raumfahrt und Technik

Wie lange war Apollo 11 zum Mond unterwegs?

Die Mondlandefähre der Apollo 11-Mission setzte 102 Stunden und 45 Minuten nach ihrem Start auf der Oberfläche des Mondes auf. Nach insgesamt acht Tagen, drei Stunden und 18 Minuten erreichten die Astronauten Neil Armstrong, Edwin Aldrin und Michael Collins wieder wohlbehalten die Erde.

Wo setzte die Eagle auf?

Der Astronaut Edwin Aldrin vor der Mondlandefähre Eagle

Die Mondlandefähre der Apollo 11-Mission Eagle sollte ursprünglich an einem ganz anderen Platz aufsetzen, als sie schließlich landete. Das Problem war, dass auf dem vorgesehenen Landeplatz riesige Felsbrocken verstreut lagen, die die Landung dort unmöglich machten. So wurde die Eagle kurzerhand nochmals beschleunigt und setzte schließlich am Rande einer Tiefebene, der man den schönen Namen „Meer der Ruhe" gegeben hatte, auf den Mond auf. Die Eagle wurde übrigens von Neil Armstrong (geb. 1930) gesteuert.

Wer war der erste Deutsche im Weltraum?

Sigmund Jähn (geb. 1937) aus der DDR startete am 26. August 1978 zusammen mit dem Russen Waleri Fjodorowitsch Bykowski (geb. 1934) als erster Deutscher im Raumschiff Sojus 31 ins All. Sie führten einige Experimente durch und kehrten am 3. September 1978 wieder zur Erde zurück. Als erster Astronaut der Bundesrepublik Deutschland flog der deutsche Physiker Ulf Merbold (geb. 1941) mit der Raumfähre Columbia ins All.

Kennst du den Österreicher, der ins All flog?

Österreichs erste und bis heute einzige bemannte Weltraummission fand vom 2. bis zum 10. Oktober 1991 statt und wurde gemeinsam mit der Sowjetunion durchgeführt. Der österreichische Astronaut Franz Viehböck (geb. 1960) flog nach zweijährigem Training im russischen Juri-Gagarin-Trainingscenter für sechs Tage auf die Raumstation Mir.

Wer war der älteste Mensch im All?

Der Astronaut John Glenn (geb. 1921) war 77 Jahre alt, als er 1998 an Bord der Raumfähre Discovery zu einem Flug ins All startete, der neun Tage dauern sollte. Bereits im Jahr 1962 umkreiste John Glenn als erster Amerikaner die Erde in einer Mercury-Kapsel.

Der Astronaut John Glenn flog noch mit 77 Jahren in den Weltraum.

Wie lange dauerte der längste Aufenthalt im All?

Der Mensch, der bisher die meisten Tage und Nächte im Weltraum verbrachte, ist der Kosmonaut Waleri Poljakow (geb. 1942). Der russische Arzt nahm 1994—1995 an einem Programm auf der Raumstation Mir teil und blieb 437 Tage durchgehend an Bord. Das sind ein Jahr, zwei Monate und eine Woche und damit der bisherige Rekord.

Wie lange dauerte der längste Raumflug?

Den längsten Raumflug an Bord eines einzigen Raumschiffs, also ohne in ein anderes Schiff oder eine andere Station umzusteigen, unternahmen die russischen Kosmonauten Andrijan Nikolajew (1929—2004) und Witali Sewastjanow (geb. 1935). Vom 1. bis zum 19. Juni 1970 hielten sie sich an Bord der Sojus 9 auf. Eine Sojus besteht aus einer Besatzungskapsel, einem Lebenserhaltungssystem sowie Geräteausrüstung und Energieversorgungskomplex. Deshalb ist die Sojus auch das Rettungsschiff der Internationalen Raumstation ISS. Sie bleibt jeweils für ein halbes Jahr angedockt, um die Stammbesatzung im Notfall evakuieren zu können.

Wer unternahm den zeitlich längsten Weltraumausstieg?

Den bisher längsten Weltraumspaziergang unternahm die Besatzung des amerikanischen Space-

Mondgesichter und Storchenbeine

In der Schwerelosigkeit verteilen sich die Körperflüssigkeiten neu und anders als auf der Erde. Durch die fehlende Schwerkraft wandern die Flüssigkeiten im Körper wie beispielsweise das Blut, zu einem großen Teil von der unteren in die obere Körperhälfte. Daher leiden die Astronauten an den sogenannten „Mondgesichtern" und „Storchenbeinen". „Mondgesichter" sind durch die Körperflüssigkeiten aufgedunsene Gesichter und der Ausdruck „Storchenbeine" bezeichnet Beine, aus denen sich die Flüssigkeit in den Oberkörper verlagert hat.

shuttles Discovery im Rahmen der Mission STS-102, die vom 8. bis zum 21. März 2001 dauerte. Ziel der Mission war die Internationale Raumstation ISS, an der die Discovery für neun Tage andockte. Zugleich bereiteten die Astronauten auch eine neue Mission vor, die die Installation eines Roboterarms betraf. Diese Vorarbeiten waren sehr kompliziert, sodass sich Susan Helms (geb. 1958) und James Voss (geb. 1949) am 11. März 2001 acht Stunden und 56 Minuten durchgehend im Weltraum aufhalten mussten. Damit überboten sie den bisherigen Rekord.

Was bedeutet Schwerelosigkeit?

Im Weltall gibt es keine Dinge, die herunterfallen können. Der Grund liegt darin, dass die Gravitation,

Raumfahrt und Technik

also die Anziehungskraft, wie wir sie auf der Erde spüren, dort nicht mehr vorhanden ist. Alles schwebt frei im Raum, und für die Astronauten ist es ziemlich anstrengend, unter solchen Bedingungen zu leben. Jede Art von Arbeit läuft unter anderen Voraussetzungen als auf der Erde ab und ist somit sehr ungewohnt und schwierig. Die Muskeln der Astronauten schrumpfen schnell, weil sie, anders als auf der Erde, nicht gegen einen Widerstand arbeiten, sondern ständig entlastet werden. Damit die Astronauten zurück auf der Erde keine Gesundheitsprobleme bekommen, müssen sie bei einem längeren Raumaufenthalt täglich trainieren.

Wie viel wiegen Menschen im Weltall?

Da es im All keine Schwerkraft gibt, wiegen wir dort auch nichts. Du müsstest dich schon an einer Waage festbinden, um überhaupt darauf stehen bleiben zu können. Die Waage müsste natürlich auch festgebunden werden, denn sonst schwebte sie ja auch umher. Es wäre also eine ziemliche Prozedur, sich im All zu wiegen, und dabei käme nichts heraus: Schwerelos ist schwerelos. Allerdings: Auch wenn die Körper kein Gewicht mehr haben, dieselbe Masse haben sie trotzdem! Das merken die Astronauten dann, wenn das Raumschiff beschleunigt oder abbremst und ihre Körper dadurch in eine bestimmte Richtung bewegt werden.

Können Menschen im Weltraum leben?

Nur in einem Raumschiff oder auf einer Raumstation können Menschen überleben. Im All existiert wirklich nichts, was ein Mensch zum Leben braucht. Es gibt keine Luft zum Atmen, kein Wasser und natürlich auch nichts zu essen. Außerdem kommen dort enorme Temperaturschwankungen vor. Aus diesen Gründen würde ein Mensch im Weltall ohne Raumanzug innerhalb weniger Sekunden sterben.

Die Astronauten der Raumfähre Columbia in der Schwerelosigkeit

Wie lange bleiben die Astronauten im All?

Früher waren die spannenden Ausflüge ins All nur recht kurz. Sie dauerten lediglich einige Tage und zu Beginn der Raumfahrt sogar nur einige Stunden. Heute bleiben die Astronauten länger im All. Sie verbringen einige Monate auf einer Raumstation, um dort Untersuchungen durchzuführen oder Reparaturen zu erledigen.

Wie ist für Astronauten das Leben im All?

Im All finden die Astronauten ganz andere Bedingungen vor als auf der Erde. Sie können dort nicht gehen und stehen, sondern schweben umher. Das tun sie deshalb, weil im All Schwerelosigkeit herrscht. Damit wird es auch schwierig, zu essen. Normale Gerichte, wie die Raumfahrer sie von zu Hause kennen, würden in all ihren Einzelteilen durch das Raumschiff schweben. Daher ist das Essen der Astronauten in Tuben verpackt und wird direkt in den Mund gedrückt. Auch das Schlafen ist nicht ganz so einfach im Weltraum. Die Schlafsäcke müssen festgebunden und richtig geschlossen werden, damit die Astronauten im Schlaf nicht einfach frei umherfliegen und überall anstoßen.

Wie kommen die Astronauten zur Erde zurück?

In den Weltraum werden die Raumfahrzeuge mit Raketen geschossen. Haben die Astronauten ihre Arbeit dort beendet, müssen sie aber auch wieder zur Erde zurückgelangen. Dies ist neben dem Start der gefährlichste Teil der Raumfahrt. Neil Armstrong, Edwin Aldrin und Michael Collins (alle 1930 geboren) kehrten von ihrem Flug zum Mond damals in ihrer Raumkapsel zurück. Raumkapseln landen mit Fallschirmen auf der Erde. Die Apollo-Kapsel landete jedoch im Pazifik und wurde von einem Marineschiff geborgen. Im Gegensatz zu den Raumkapseln landen Raumfähren wie Flugzeuge auf der Erde. Die Erdatmosphäre bremst dabei die Raumfähre so stark ab, dass sie Flugzeugtempo erreicht. Meist müssen sich die Astronauten nach ihren Reisen in den Weltraum erst wieder an das Leben auf der Erde und an die Schwerkraft gewöhnen.

Wann meldet sich Houston?

Das Lyndon B. Johnson Space Center in Houston liegt im amerikanischen Bundestaat Texas und gehört zur NASA. Das Zentrum ist verantwortlich für die Planung und Durchführung bemannter Raumflüge, das Astronautentraining und die Flugkontrolle der Raumflüge. Houston, wie das Center nach seinem Standort genannt wird, überwacht natürlich auch die Internationale Raumstation ISS und ist der generelle Ansprechpartner bei allen Problemen. Seit dem missglückten Mondflug der Mission Apollo 13 im Jahre 1970, bei dem sich die Besatzung per Funk mit den Worten „Houston, wir haben ein Problem" an das Überwachungszentrum wandte, ist dieser Satz in die Geschichte der Raumfahrt und sogar in den allgemeinen Sprachgebrauch eingegangen.

Blick in das NASA-Kontrollzentrum in Houston

Raumfahrt und Technik

Welche Experimente werden im All durchgeführt?

Eine Menge! Im Raumlabor der ESA arbeiten die Astronauten zum Beispiel in einer Druckkabine. Unter Anleitung von Wissenschaftlern werden Teleskope ausgerichtet, die Messungen durchführen und Bilder machen. Man untersuchte auch schon, wie sich Pflanzen in der Schwerelosigkeit verhalten und ob sie weiterhin wachsen. An Bord der Raumstation Mir wurden 1990 sogar Wachtelküken geboren. Astronauten hatten Wachteleier mitgenommen und in einem Brutkasten bebrüten lassen.

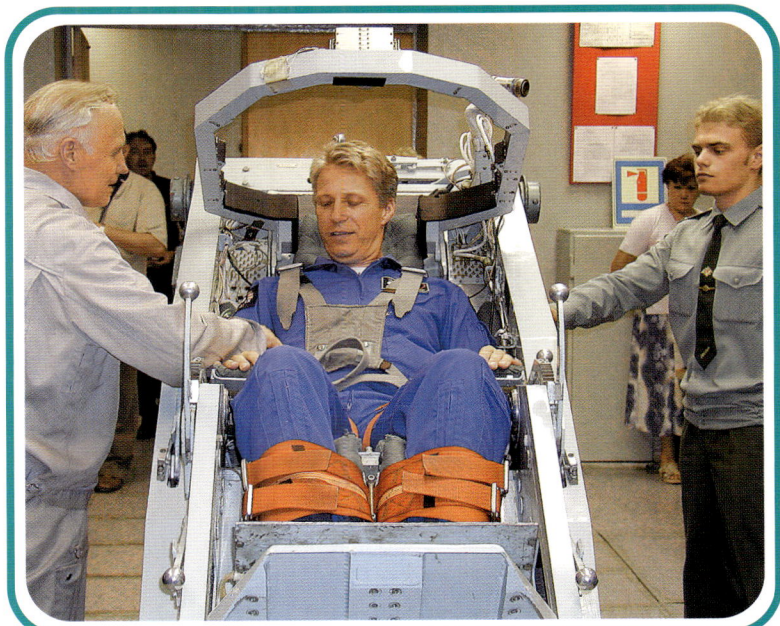

Der Astronaut Thomas Reiter während seines Weltraumtrainings in Russland

Wer waren die Spinnen Arabella und Anita?

Ein Schüler aus Amerika durfte 1973 ein Experiment vorschlagen, das dann im Weltraum durchgeführt werden sollte. Er überlegte sich, Spinnen mit in den Weltraum zu schicken, die dort in der Schwerelosigkeit ihre Netze spinnen sollten. Arabella und Anita, so hießen die zwei Spinnen, brauchten ein wenig Zeit, um sich einzugewöhnen, aber dann bauten sie stabile und funktionstüchtige Netze im All.

Wie wird man eigentlich Astronaut?

Als Astronaut benötigt man neben einer fliegerischen Ausbildung auch wissenschaftliches und technisches Wissen. Denn jeder an Bord muss sich mit den technischen Geräten des Raumschiffes auskennen. Zudem sollte immer ein Astronaut der Besatzung über medizinische Kenntnisse verfügen, damit er helfen kann, falls jemand krank wird. Ein zweiter sollte zum Beispiel ein Computerspezialist sein, und ein dritter die Funktechnik des Raumfahrzeugs beherrschen. Es ist also auch wichtig, die Astronauten nach ihren Berufen und Fähigkeiten zu einem guten Team zusammenzusetzen. Zum Beruf eines Astronauten gehört außerdem ein beständiges und anstrengendes Training. Um die Situation beim Starten und Landen zu üben, müssen die Astronauten Beschleunigungstests durchführen. Dabei werden sie bis zu acht g beschleunigt, das heißt, ihre Körper haben dann das Achtfache ihres Normalgewichtes. Beste Gesundheit, intensives Training für Herz, Kreislauf und Muskeln sind Voraussetzungen, um den Anforderungen im All körperlich gewachsen zu sein. Kein einfacher Beruf also!

Müssen Astronauten im All trainieren?

Unbedingt und täglich! Denn täten sie dies nicht, könnten sie nach der Rückkehr auf die Erde nicht mehr stehen. Der Körper gewöhnt sich an die Schwerelosigkeit und die Muskeln werden durch die Entlastung sehr schnell schlaff. Daher müssen die Astronauten zum Ausgleich etwa zwei Stunden täglich ihre Muskulatur trainieren.

Wie essen Astronauten?

Das Essen und Trinken im Weltall ist wegen der Schwerelosigkeit gar nicht so einfach. Bestecke, Tische und Stühle werden überflüssig, da im All nichts liegen oder stehen bleibt Ein Wurstbrot zum Beispiel würde in seinen Einzelteilen durch das Raumschiff schweben und wäre eine Gefahr für die empfindlichen Geräte. Deswegen ist die Astronautennahrung in Tuben und Tüten verpackt und wird von den Raumfahrern direkt in den Mund gedrückt. Trinken ist etwas unkomplizierter: Die Getränke werden aus fest verschlossenen Dosen mit einem einfachen Strohhalm getrunken.

Woraus sind Raumanzüge gemacht?

Im Weltall herrschen Temperaturen von plus 100 Grad Celsius im direkten Sonnenlicht bis minus 269 Grad Celsius im Sonnenschatten. Der Raumanzug muss diese Temperaturschwankungen aushalten und zugleich vor gefährlichen Strahlen, dem luftleeren Weltraum und vor Mikrometeoroiden schützen. Bei Arbeiten außerhalb der Raumfahrzeuge oder der Raumstation brauchen die Astronauten deshalb besondere Anzüge. Jeder davon ist aus mehreren Schichten aufgebaut. Jede einzelne Schicht besteht aus sehr widerstandsfähigem Material. In die Innenschicht sind dünne Schläuche und Kabel eingearbeitet, durch die kühlendes Wasser fließt, das die Haut während des schweißtreibenden Außeneinsatzes kühlt. Für die Schichten des Raumanzugs werden nur Stoffe benutzt, die nicht brennen können.

Was trägt man unter einem Raumanzug?

Was ein Astronaut unter seinem Raumanzug trägt, ist heute vermutlich seine ganz persönliche Sache.

Früher allerdings musste ein Astronaut Spezialunterwäsche unter dem Raumanzug tragen. Da die ersten Raumschiffe nämlich noch keine Toiletten hatten, musste man sich überlegen, wo die Körperausscheidungen bleiben sollten. Dafür gab es Urinsammler mit Schlauch und Gürtel. Heute benötigt ein Astronaut solche Spezialunterwäsche nicht mehr, höchstens noch für längere Weltraumspaziergänge.

Raumanzüge müssen im Weltall einiges aushalten.

Raumfahrt und Technik

Was tragen Astronauten, wenn sie keinen Raumanzug tragen?

Wenn Astronauten keinen Raumanzug tragen müssen, bevorzugen die meisten von ihnen den lockeren Freizeitlook. Sie tragen dann T-Shirt, Jogginghose oder Shorts, denn in einer Raumstation ist es warm. Wichtig ist, dass die Sachen bequem und nicht zu dick sind oder bei der Arbeit behindern.

Kann man im All duschen?

Eine erfrischende Dusche wäre sicher eine entspannende Abwechslung im All. Aber geht das eigentlich? Fliegt das Wasser nicht in der Schwerelosigkeit zusammen mit der Seife einfach fort? In der Schwerelosigkeit bewegt sich Wasser als kugelförmige Gebilde im Raum umher, sodass es ziemlich schwierig ist, alle Tropfen einzufangen. Deshalb duschen die Astronauten in einer spezieller Kabine, in der ein Sprühmechanismus den Körper mit Wasser benetzt. Dabei tragen sie ein Atmungsgerät zum Schutz vor dem Ersticken. Zusammen mit dem Duschgel bildet sich ein schmieriger Film auf der Haut, den man recht mühsam wieder abreiben muss. Die Prozedur ist sehr umständlich und die Astronauten verzichten gerne mal aufs Duschen im All. Außerdem muss auf der Internationalen Raumstation ISS sehr sparsam mit Wasser umgegangen werden, da es nur einen begrenzten Vorrat gibt. Und so greifen die Astronauten auch gern zu Wasch- oder Frischetüchern.

Wie schlafen die Astronauten?

Betten gibt es keine auf der ISS, aber schlafen können die Astronauten natürlich trotzdem. Das funktioniert auf einer Raumstation zwar etwas anders als auf der Erde, aber bisher hat sich noch kein Astronaut der ISS über Schlafprobleme beschwert. Jeden Abend krabbeln die Astronauten zum Schlafen in einen Schlafsack, der in einer Art offenem Schrank baumelt. Der Schlafsack muss gut geschlossen werden, damit die Astronauten während ihrer Nachtruhe nicht plötzlich unfreiwillig durch die Raumstation schweben.

In der Raumstation tragen die Astronauten legere Kleidung.

Tierischer Störenfried

Im Jahr 1995 störte ein Specht eine Raummission. Er hatte mit seinem spitzen Schnabel Löcher in die Isolierung des Treibstofftanks gehackt. Die Mission musste verschoben werden und heute werden unter anderem Plastikeulen zur Abschreckung von unerwünschten fliegenden Besuchern eingesetzt.

Wieso gibt es so viele Wörter für „Raumfahrer"?

Das Wort „Astronaut" ist eine Neuschöpfung. Es setzt sich aus den griechischen Wörtern „astro" für „Stern" und „nauta" für „Seefahrer" zusammen. Ein Astronaut ist, wörtlich übersetzt, ein „Seefahrer, der zu den Sternen fährt". Mit dem Begriff „Astronaut" bezeichneten die US-Amerikaner die Teilnehmer ihrer ersten Weltraumexpedition. Die Sowjetrussen, die sich in den 1950er- und 1960er-Jahren mit den US-Amerikanern eine Art Wettlauf im All lieferten, nannten ihre Weltraumfahrer „Kosmonauten". Auch dieser Begriff ist eine Zusammensetzung. „Kosmos" ist das griechische Wort für „Weltall". Wörtlich übersetzt heißt Kosmonaut „Seefahrer im Weltraum". Doch es gibt noch andere Wortspiele: Chinesische Raumfahrer werden als „Taikonauten" bezeichnet, was so viel wie „Seefahrer im universalen Himmel" bedeutet. Französische Weltraumfahrer heißen „Spacionaut" — abgeleitet vom französischen Wort „Espace" für Weltraum.

Was passiert, wenn man aus dem Raumschiff fällt?

Würde ein Astronaut aus seinem Raumschiff ins All geschleudert, hätte er so gut wie keine Überlebenschance. Dieser Fall ist allerdings nahezu unmöglich. Schließlich lassen sich die Fenster des Raumschiffs nicht öffnen und die Türen besitzen einen besonderen Sicherungsmechanismus. Falls jedoch ein Astronaut ohne oder mit defektem

Raumanzug aus dem Raumschiff fiele, würde er wegen des Sauerstoffmangels innerhalb kürzester Zeit ohnmächtig werden. Holte man ihn dann nicht zurück ins Raumschiff, würde er ersticken oder sein Herz bliebe stehen. Sein Körper würde gefrieren und die Haut vermutlich durch die hohe UV-Strahlung verbrennen. Keine schöne Vorstellung, aber solch ein Unfall ist ja auch noch nie vorgekommen.

Gab es schon viele Unfälle im All?

Leider geschehen immer wieder Unfälle im All, aber eine Weltraummission ist ja auch kein Fahrradausflug, und selbst dabei kann man böse stürzen. Wenn aber bereits beim Fahrradfahren Unfälle passieren, kannst du dir vorstellen, wie riskant eine Weltraummission ist. Im Jahr 1970 beispielsweise explodierte ein Sauerstofftank an Bord der Apollo 13. Die Besatzung meldete damals: „Houston, wir haben ein Problem", und konnte letztendlich sicher zur Erde zurückgebracht werden. Anders 1986 — kurz nach ihrem Start explodierte die Raumfähre Challenger, dabei kamen alle sieben Mitglieder der Besatzung ums Leben. Im Jahr 2003 gab es einen weiteren tragischen Unfall: Die Raumfähre Columbia wurde bei ihrer Rückkehr zur Erde zerstört und alle sieben Besatzungsmitglieder starben.

Das Mondauto der Mission Apollo 15 im Jahr 1971

Wie sieht ein Mondauto aus?

Ein Mondauto hat, wie ein normales Auto auch, vier Räder. Die sind allerdings extra groß, um die Unebenheiten auf der Mondoberfläche auszugleichen. In ihm befinden sich

Raumfahrt und Technik

vorn zwei Sitze für die Astronauten und Platz für Geräte und Ausrüstung im hinteren Teil. Das Mondauto wird mit der Hand gesteuert und hat eine Fernsehkamera und eine Richtantenne an Bord.

Wie schnell ist ein Mondauto?

Da sich die Astronauten in ihren Schutzanzügen nur sehr langsam und recht schwerfällig fortbewegen konnten, hat man den Besatzungen von Apollo 15, 16 und 17 ein elektrisch angetriebenes Mondauto mitgegeben. Das Auto wurde zusammengeklappt in der Mondfähre transportiert und erreichte immerhin eine Geschwindigkeit von etwa 17 Kilometer in der Stunde.

Was sind Mondwerkzeuge?

Was untersuchten die Astronauten eigentlich auf dem Mond? Und wie sah dort oben ihre Ausrüstung aus? Gab es da einen speziellen Werkzeugkasten? Hauptsächlich sammelten die Astronauten auf dem Mond Gesteinsproben und Mondstaub. Für eine Bohrmaschine und einen Hobel gab es also keine Verwendung. Vielmehr hatten sie Sammelbehälter und Probenbeutel, kleine Besen und Schaufeln sowie Greifer dabei.

Was ist das Zentrifugentraining?

Wenn Astronauten ins All starten, sind sie während des Fluges in der Rakete großen Belastungen aus-

gesetzt. Auf die starke Beschleunigung können sich die Astronauten in einer Zentrifuge vorbereiten. Sie besteht aus einer Kapsel, die sehr schnell im Kreis herumgeschleudert wird. Das kannst du mit einem Kettenkarussell vergleichen, das sich rasend schnell dreht. In der Zentrifuge wird auch die medizinische Belastbarkeit gemessen. Sie ist ganz wichtig für die Entscheidung, ob jemand überhaupt ins All fliegen darf.

Was machen die Astronauten im Spacelab?

Das europäische Raumlabor Columbus vor seinem Start ins All

Das Spacelab ist ein Weltraumlabor, das an eine Raumstation angeschlossen wird. In ihm führen Wissenschaftler und Astronauten Untersuchungen und Experimente durch. Erforscht wird zum Beispiel, wie sich ein langer Aufenthalt in der Schwerelosigkeit auf den Menschen und seinen Körper auswirkt.

Können wir Dinge aus der Raumfahrtforschung gebrauchen?

Es gibt durchaus einige Dinge aus der Raumfahrttechnik, die wir auch auf der Erde gebrauchen können. So wird zum Beispiel aus dem Material der Raumanzüge inzwischen Kleidung für die Skipiste gemacht und viele Uhren haben heute stoßfestes Glas und eine Digitalanzeige. Zahnspangen werden aus einem Material namens Nitinol hergestellt, das für Antennen verwendet wird, die zusammengeklappt ins All transportiert werden. Auch der Klettverschluss ist ein Nebenprodukt der Raumfahrt.

Was ist eine Parabolantenne?

Eine Parabolantenne, auch Satellitenschüssel genannt, sendet Signale an Satelliten im All und empfängt zugleich Signale von ihnen. Je nachdem, wie viele Signale man in welcher Qualität senden oder empfangen will, sind die Satellitenschüsseln größer oder kleiner. Jede Schüssel hat einen Mittelpunkt, den Brennpunkt wo die eintreffenden Signale gebündelt werden. Das funktioniert so ähnlich, als füllte man Wasser in einen Trichter. Je größer der Trichter ist, desto weniger Wasser geht verloren und desto

kräftiger ist der Strahl, der unten herauskommt. Auf den Sendestationen der Fernsehsender stehen riesige Parabolantennen, die das Fernsehprogramm in Form von Signalen zu bestimmten Satelliten im Weltall schicken. Diese empfangen das Signal und senden es an die Erde zurück. Dort wird es von vielen kleinen Parabolantennen empfangen und mittels komplizierter Technik wieder in das Fernsehbild umgewandelt, das der Sender kurz zuvor losgeschickt hat. Und das können wir dann sehen, wenn wir unseren Fernseher einschalten.

Wie funktioniert ein Navigationssystem?

1973 gab das amerikanische Verteidigungsministerium sehr viel Geld aus, um 24 Satelliten in die Umlaufbahn der Erde zu schicken und ein weltweit funktionierendes Navigationssystem aufzubauen. Das System nennt sich GPS, englisch „Global Positioning System". Heute wird GPS zunehmend im zivilen Bereich genutzt, obwohl es ursprünglich für militärische Zwecke entwickelt wurde. Durch die Signale von mindestens drei Satelliten des Systems kann der GPS-Empfänger, also beispielsweise das Navigationsgerät in eurem Auto, die eigene Position und Geschwindigkeit errechnen. Bei modernen Navigationsgeräten werden diese Daten in digitale

Unzählige Parabolantennen an einem Haus im Stadtteil Schöneberg in Berlin

Raumfahrt und Technik

Karten übertragen und mit den Informationen der Karten abgeglichen, sodass man nach Eingabe des Fahrziels eine genaue Berechnung der gewünschten Strecke erhält.

Wer startete den ersten Satelliten?

Der erste Satellit wurde 1957 von der Sowjetunion in den Weltraum geschickt und hieß Sputnik 1. Er war sehr einfach aufgebaut und sollte die Temperatur der Atmosphäre messen. Schon kurze Zeit später schickten die USA ihren ersten Satelliten (Explorer 1) in den Weltraum und 1965 folgte ein Satellit für die Übertragung von Ferngesprächen. Er war knapp 39 Kilogramm schwer und konnte 240 Gespräche auf einmal übermitteln. Heute kann ein moderner Satellit Zehntausende von Telefonverbindungen gleichzeitig übertragen sowie mehrere Fernsehprogramme. Allerdings sind die neuen, weiterentwickelten Satelliten nicht nur leistungsfähiger, sondern auch viel größer und schwerer. Der Satellit Intelsat 10 zum Beispiel hat eine Masse von über 5000 Kilogramm und wurde 2004 ins All geschickt.

Wie schnell ist ein Satellit?

Satelliten, die nahe der Erdoberfläche kreisen, haben eine Geschwindigkeit von beinahe acht Kilometern pro Sekunde. Sie brauchen nur knapp 90 Minuten, um die Erde einmal zu umkreisen. Demgegenüber benötigt ein Satellit in einer Höhe von 35.790 Kilometern für eine Erdumrundung 24 Stunden. Er ist also genauso schnell wie die Erde, die sich in dieser Zeit einmal um sich selbst dreht. Damit befindet sich ein solcher Satellit aus unserer Sicht immer an derselben Stelle.

Wie sieht ein Satellit aus?

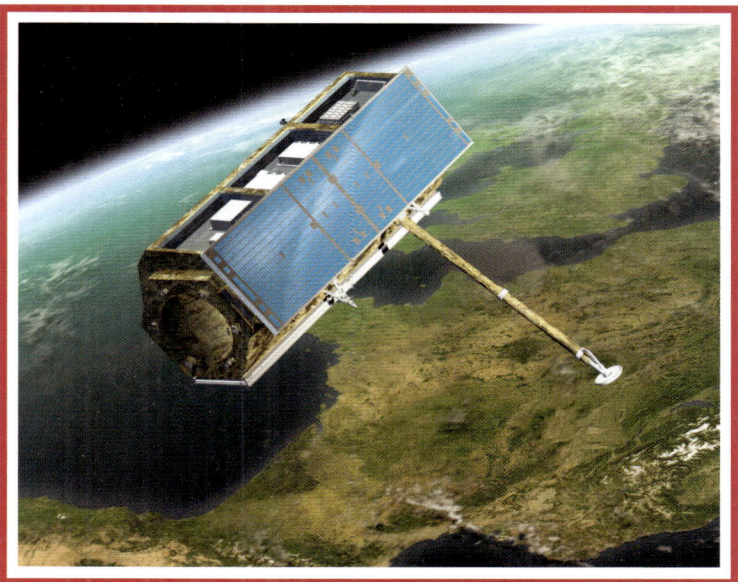

Der deutsche Satellit TerraSAR-X dient zur Erdbeobachtung.

Das Gehäuse eines modernen Satelliten besteht aus Aluminium oder verschiedenen Kunststoffen. Ein Satellit muss möglichst leicht sein, jedoch gleichzeitig enorme Belastungen aushalten. An seinem Gehäuse sind Sonnensegel befestigt, die aus Solarzellen bestehen. Sie versorgen den Satelliten mit Strom aus Sonnenenergie. Außerdem besitzt ein Satellit verschiedene Antennen sowie sogenannte Transponder. Transponder sind Geräte, die eingehende Signale automatisch beantworten. Über die Antennen empfängt der Satellit also Daten von der Erde. Diese Signale werden dann über die Reflektoren ins Innere zu den Transpondern geleitet. Und die senden schließlich ihrerseits Daten über die Reflektoren und Antennen an die Erde zurück.

Zukunftsaussichten

Die Zukunft der Raumfahrt könnte sich für dich ein bisschen wie ein Science-Fiction-Roman anhören. Die Menschen werden immer weiter in den Weltraum vordringen und ihn erforschen. Vielleicht wird sogar eines Tages ein Planet entdeckt, auf dem wir leben könnten. Über diese Fragen nachzudenken, wird nötig werden, wenn wir nicht aufhören, unsere Erde zu verschmutzen und ihre Ressourcen gedankenlos zu verbrauchen.

Der Planet Mars, das Ziel zukünftiger Missionen, aufgenommen von der Raumsonde Mars Express

Die internationale Besatzung der ISS bei der Arbeit

Raumfahrtmissionen der Zukunft

In den nächsten 50 Jahren werden sich Wissenschaftler unterschiedlicher Nationen auf der großen Internationalen Raumstation ISS abwechseln und einige Zeit dort verbringen. Sie werden zahlreiche Experimente im Bereich der Biologie, der Medizin und der Physik durchführen. Ein bemannter Flug zum Mars wird in etwas fernerer Zukunft, so um das Jahr 2030 herum, auch nicht mehr unmöglich sein, und vielleicht bist ja gerade du ein Mitglied dieser zukünftigen Raumfahrtpioniergruppe. Und das vielleicht sogar im Tiefschlaf! Stell dir vor, du wirst dann einfach für mehrere Monate in einen künstlichen Tiefschlaf gelegt und wachst pünktlich zur Landung

auf dem Mars wieder auf. So in etwa könnte es nämlich ablaufen.

Bis zum Jahr 2050 wird die Weltraumforschung durch neue und verbesserte Teleskope, die um die Erde kreisen, viel weiter in den Weltraum blicken können als jemals zuvor. Die Ergebnisse, Bilder und Daten, die diese Teleskope sammeln und anschließend zur Erde übermitteln, könnten vielleicht helfen, das Rätsel der Entstehung unseres Universums zu lösen. Dann wird man die Planeten anderer Sonnensysteme untersuchen und dabei vielleicht sogar außerirdisches Leben entdecken. Neuartige und sehr hitzebeständige Satelliten werden unsere Sonne erforschen. Und da sie sich aufgrund ihrer sehr strapazierfähigen Materialien der Sonne weiter als bisher annähern können, werden sie interessante Ergebnisse von ihren Flügen mitbringen.

Weitere technische Entwicklungen

Im nächsten Jahrhundert werden Raketen nicht mehr wie wutschnaubende Drachen Rauch und Feuer beim Start spucken. Die Raketen der Zukunft werden per Laserantrieb ins Weltall fliegen, ohne dabei Tausende Liter von Brennstoff zu verbrauchen. Im All übernimmt dann eine Laserstation den Antrieb. Weil die schweren Tanks mit dem Treibstoff überflüssig werden, muss bei den zukünftigen Missionen viel weniger Gewicht mitgeschleppt werden. Das ist erst einmal billiger, aber vor allem kann sich dadurch auch die Geschwindigkeit der Raketen erhöhen.

Und je schneller die Raketen werden, umso weiter können sie fliegen. In Zukunft vielleicht sogar mit Lichtgeschwindigkeit? Wer weiß, wohin sie noch gelangen werden?

Das Orion-Raumfahrzeug

Die NASA plant, ein Raumschiff zu entwickeln, das viel größer und moderner als seine Vorgänger ist. Mit ihm könnten womöglich schon bald Menschen zum Mond oder sogar bis zum Mars gebracht werden. Sein Name wird „Orion" sein. Spätestens im Jahr 2014 soll das erste Orion-Raumfahrzeug der Internationalen Raumstation ISS einen Besuch abstatten. Die Spaceshuttles, die jetzt noch in Betrieb sind, werden dann in den Ruhestand geschickt werden. Vielleicht staunen in 50 Jahren Schulkinder bei einem Museumsbesuch über den einstigen Stolz der Raumfahrt genauso, wie du heute über einen Schwarz-Weiß-Fernseher, falls du überhaupt schon mal einen gesehen hast.

Die Internationale Raumstation ISS, aufgenommen von der Raumfähre Atlantis

Was passiert mit ausgedienten Satelliten?

Seit dem Start von Sputnik 1 wurden mehrere Tausend Satelliten in den Weltraum geschossen. Wenn ein Satellit seine Aufgabe erfüllt hat, wird er abgeschaltet und verglüht daraufhin beim Eintritt in die Erdatmosphäre. Oder aber er fliegt als sogenannter Weltraummüll weiter um die Erde. Dabei besteht dann die Gefahr, dass neue Satelliten mit ausgedienten zusammenstoßen.

Welche Arten von Satelliten gibt es?

Als die ersten Satelliten in den Weltraum geschossen wurden, dienten sie fast ausschließlich zur Spionage. Vor allem in den Zeiten des Kalten Kriegs, einem lang anhaltenden Konflikt zwischen der UdSSR und den USA, wurden beispielsweise militärische Stützpunkte und Flughäfen ausspioniert. Inzwischen werden Satelliten zur Informationsübertragung immer wichtiger. Die sogenannten Kommunikationssatelliten übertragen Telefongespräche sowie Radio- und Fernsehprogramme in alle Länder der Erde. Dabei senden sie die Daten in Form von Mikrowellen. Von ihnen unterscheiden sich die Wettersatelliten, deren Aufgabe es ist, Bilder und Daten über das Wetter und seine Entwicklung zur Erde zu senden. Auf den Bildern kann man dann zum Beispiel die Verteilung und die Wanderbewegungen von Wolken erkennen. Auch schwere

Die ersten Raketen lieferten die Grundlage für die moderne Saturn V-Rakete.

Stürme oder Flutwellen lassen sich vorhersagen. Außerdem gibt es Forschungssatelliten, die beispielsweise die Magnetfelder von anderen Planeten und das Weltall erforschen.

Wann wurde die erste Rakete gebaut?

Schon im Jahr 1903 berechnete der russische Mathematiker und Physiker Konstantin Ziolkowski (1857–1935) Flugbahnen und Konstruktionen für Raketen, die den Weltraum erreichen sollten. Er schuf damit die Grundlage für die moderne Raumfahrttechnik. Mehr als zehn Jahre später schlug der amerikanische Physiker Robert Hutchins Goddard (1882–1945) vor, unbemannte Forschungsraketen zum Mond zu schicken. Doch erst am 4. Oktober 1957 gelang der Menschheit der erste Schritt hinaus in den Weltraum. An diesem Tag sorgte die Sowjetunion für eine Weltsensation: Der erste Satellit namens Sputnik 1 wurde mit einer Rakete ins All geschossen. Sputnik 1 erreichte die Umlaufbahn der Erde und verglühte nach 57 Tagen im All.

Warum fliegen wir nicht mit Flugzeugen in den Weltraum?

Flugzeuge sind einfach völlig ungeeignet für das Weltall. Ihre Triebwerke benötigen Luft und die ist ja im Weltall nicht vorhanden. Eine Rakete jedoch

Raumfahrt und Technik

braucht keine Luft, da sie durch die Verbrennungsgase, die beim Start aus den Triebwerken austreten, einen gigantischen Schub erhält und damit angetrieben wird.

Wann startete die erste Rakete mit Flüssigtreibstoff?

Der erste Schritt, den die Menschen ins Weltall unternahmen, war eigentlich sehr unspektakulär. Er dauerte ganze zweieinhalb Sekunden und endete bereits bei einer Höhe von 12,5 Metern. Und trotzdem stellte dieser „kleine Hüpfer", den die Rakete des amerikanischen Raketenpioniers Robert Hutchins Goddard (1882—1945) im Jahr 1926 machte, den ersten praktischen Schritt auf dem Weg ins Universum dar. Schließlich zeigte er mit seinem Experiment, dass es grundsätzlich möglich ist, eine Rakete mit flüssigem Treibstoff zu betanken und dann auch noch zum Abheben zu bewegen.

Wie sah die erste Rakete mit Flüssigtreibstoff aus?

Die Rakete von Robert Hutchins Goddard war ziemlich klein. Sie war nur drei Meter lang und hatte ein Leergewicht von 2,72 Kilogramm. Vollgetankt wog sie 4,74 Kilogramm. Als Treibstoff verwendete der amerikanische Tüftler ein Gemisch aus Benzin und flüssigem Sauerstoff. Um seine Rakete starten zu können, konstruierte er ein besonderes Gestell. Immerhin erreichte sie auf diese Art und Weise bereits kurz nach dem Start eine Geschwindigkeit von 100 Kilometern in der Stunde. Das zeigte auch, dass mit einem besonderen flüssigen Treibstoffgemisch eine Rakete innerhalb sehr kurzer Zeit auf sehr hohe Geschwindigkeiten beschleunigt werden konnte. Genau das war auch die Voraussetzung, um viele Jahre später die ersten Raketen ins Weltall zu schicken.

Wer entwickelte Raketen mit Flüssigtreibstoff weiter?

Für die entscheidende Weiterentwicklung der Raketen sorgte der deutsche Raketentechniker Wernher von Braun (1912—1977). Er startete im Jahr 1942, zur Zeit des Nationalsozialismus, eine Rakete von 14 Metern Länge. Diese erreichte die 5,4-fache Schallgeschwindigkeit, mehr als 6500 Kilometer in der Stunde und eine Höhe von 90 Kilometern. Diese Rakete war eine Artillerie-Rakete, das heißt, sie wurde für kriegerische Zwecke eingesetzt. Wernher von Braun war später auch an der Entwicklung der Saturn V-Rakete maßgeblich beteiligt, die bei der ersten Mondlandung im Jahre 1969 zum Einsatz kam.

Wernher von Braun entwickelte die Saturn V-Rakete.

Welches ist die größte Rakete?

Sie waren das Herzstück der verschiedenen Apollo-Missionen und brachten die vergleichsweise kleine Kapsel mit der menschlichen Fracht sicher auf die Bahn zum Mond: Die gigantischen, von Wernher von Braun entwickelten Saturn V-Raketen. Ihre Höhe betrug über 110 Meter und ihr Startgewicht lag bei 2800 Tonnen. Sie sind damit bis heute die größten Raketen, die von der NASA entwickelt und gebaut wurden. Jede Saturn ist aus mehreren Antriebsstufen aufgebaut: Die ersten beiden Stufen werden innerhalb der ersten zehn Minuten nach dem Start ausgebrannt und abgeworfen. Die dritte beschleunigt die Rakete auf eine Geschwindigkeit von 28.800 Kilometer in der Stunde und bringt sie in eine Umlaufbahn

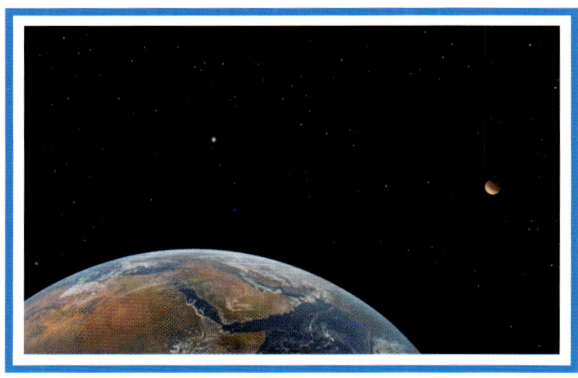

Um die Erdumlaufbahn zu erreichen, müssen Raumschiffe ungeheuer schnell sein.

der Erde. Danach wird der Antrieb abgeschaltet. Erst nach einigen Erdumkreisungen wird das Triebwerk nochmals gezündet, um die Rakete mit einer Geschwindigkeit von 40.000 Kilometern in der Stunde in Richtung Mond zu bewegen. Von der gigantischen Rakete kehrt nur die Kommandokapsel mit den Astronauten wieder zur Erde zurück.

Werden Raumfahrzeuge vor dem Einsatz getestet?

Grundsätzlich wird alles, auch die Ausrüstungsgegenstände, die in den Weltraum sollen, getestet.

Diese Tests sind sehr streng, denn jedes einzelne Teil muss den Anforderungen im Weltall standhalten können. Auch Raumsonden und Satelliten werden getestet. Im niederländischen Raumfahrtzentrum der ESA wird dazu ein Weltraumsimulator benutzt, der die gleichen Bedingungen schaffen soll, wie sie auch im All herrschen.

Wie schnell ist ein Raumschiff?

Um ins Weltall zu gelangen, muss ein Raumfahrzeug, auch Raumschiff genannt, die Erde mit sehr hohem Tempo verlassen. Dabei genügen zunächst die 28.800 Kilometer in der Stunde, um die Umlaufbahn der Erde zu erreichen. Das ist die sogenannte erste kosmische Geschwindigkeit, mit der man ein Raumfahrzeug auf eine Kreisbahn um die Erde bringen kann. Von dort aus wird dann mit 11,2 Kilometern in der Sekunde, also 40.320 Kilometern in der Stunde, die nächste Stufe erreicht. Das ist dann die zweite kosmische Geschwindigkeit oder Fluchtgeschwindigkeit, mit der die Umlaufbahn der Erde verlassen wird. Diese Geschwindigkeit ist so hoch, dass man mit ihr theoretisch in einer Stunde die Erde einmal umkreisen könnte.

Was sind Raumsonden?

Raumsonden sind unbemannte Flugkörper, die mithilfe einer Rakete gestartet und in den Weltraum

Raumfahrt und Technik

gesteuert werden. Sie verlassen dazu die Umlaufbahn der Erde. Raumsonden führen wissenschaftliche Messungen durch und sind mit Steuerungssystemen, Aufzeichnungs- und Aufnahmegeräten sowie Übertragungsanlagen ausgerüstet. Alle Planeten unseres Sonnensystems, mit Ausnahme des Zwergplaneten Pluto, wurden mit Sonden untersucht. Sie umkreisen diese Himmelskörper, nehmen Bilder von ihnen auf und funken sie anschließend zur Erde. Raumsonden landeten sogar schon auf dem Mars und der Venus, um die dortigen Gesteine direkt zu untersuchen. Die russische Raumsonde Venera 4 („Venera" ist russisch für „Venus") sendete 1967 die ersten Bilder von der Venus zur Erde.

Welches war die erste Raumsonde?

Die erste Raumsonde wurde von Wissenschaftlern aus der Sowjetunion gestartet. Sie hieß Lunik 1, flog im Jahr 1959 ins All und sollte den Mond erforschen. Obwohl ursprünglich ein Aufschlag auf dem Mond geplant war, flog sie an ihm vorbei. Trotzdem sendete sie wichtige Daten zur Erde. Kurz darauf wurde eine zweite Sonde zum Mond geschickt, die Lunik 2. Sie war, wie Lunik 1, so programmiert, dass sie auf dem Mond aufschlagen sollte, was auch gelang. Andere berühmte Raumsonden, von denen du vielleicht schon gehört hast, sind die amerikanischen Voyager-Raumsonden. Die Sonden Voyager 1 und Voyager 2 wurden im Jahr 1977 gestartet. Ihr erstes Ziel war zunächst der Jupiter, dann kamen sie zum Saturn, wo sie einige spektakuläre Aufnahmen machten. Voyager 1 entfernt sich mittlerweile in Richtung des Sonnensystemrandes und ist bereits 16 Milliarden Kilometer von der Erde entfernt.

Raumsonde und Satellit, WO ist der Unterschied?

Raumsonden sind unbemannte Flugkörper, die wir zu Forschungszwecken ins Weltall schicken. Auch Satelliten sind unbemannte Flugobjekte. Sie bleiben aber in der Erdumlaufbahn und verrichten dort ihre Aufgaben. Kommunikationssatelliten übertragen Informationen und Wettersatelliten übermitteln Bilder und Daten, mit deren Hilfe die Wissenschaftler Wettervorhersagen treffen können. Dagegen haben Raumsonden viel längere Reisen vor sich. Sie verlassen die Umlaufbahn und erkunden weit entfernte Planeten oder das Weltall. Als Ergebnis senden sie Bilder und andere Messdaten zur Erde.

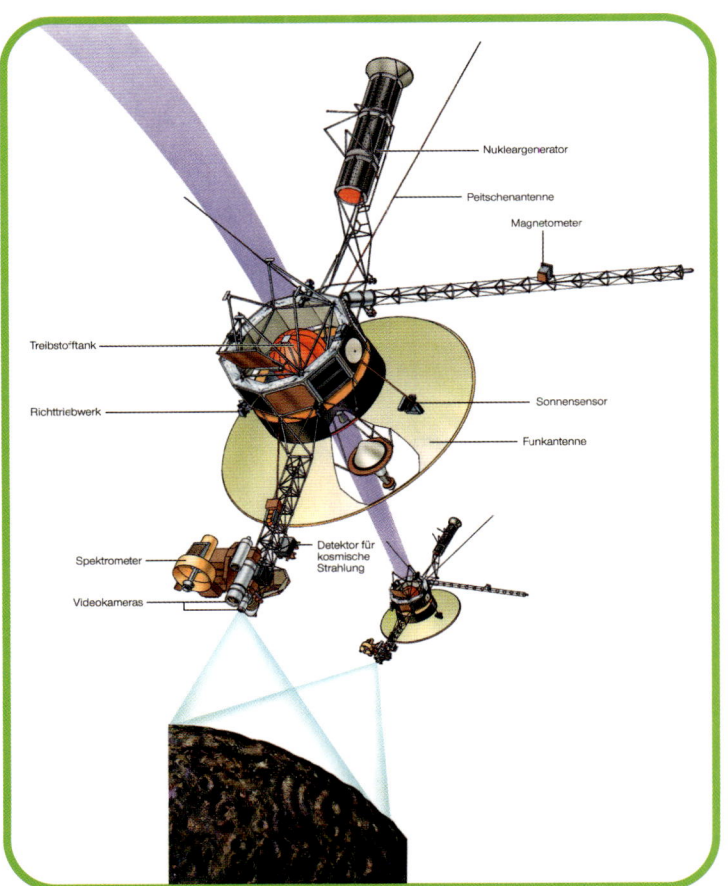

Der Aufbau der Voyager-Sonden

Wohin fliegt die schnellste Raumsonde der Welt?

Seit dem 19. Januar 2006 ist die Raumsonde New Horizons mit einer Geschwindigkeit von 14 Kilometern pro Sekunde zum Rand unseres Sonnensystems unterwegs. Mit dieser Geschwindigkeit ist sie die bisher schnellste Raumsonde der Welt. Der unbemannte Flugkörper soll Pluto und seinen Mond Charon erforschen, die er im Jahr 2015 erreichen wird, und anschließend weiter in den sogenannten Kuipergürtel, eine Region außerhalb der Neptunbahn, fliegen. Das Antriebssystem, das die enorme Geschwindigkeit der Sonde ermöglicht, besteht aus 16 Triebwerken, die mit dem chemischen Raketentreibstoff Hydrazin arbeiten. Die Mission der New Horizons, die etwa die Größe eines Klaviers hat, ist ganz schön teuer. Bis zum Ende der Missonsdurchführung im Jahr 2016 wird sie etwa 700 Millionen Dollar gekostet haben.

Welche Raumsonden sind am weitesten von der Erde entfernt?

Am 3. März 1972 startete die Raumsonde Pioneer 10. Sie gehört zu einer der bedeutendsten Planetenmissionen und lieferte uns die ersten Nahaufnahmen des Jupiters und seiner großen Monde. Diese Bilder waren damals eine Sensation. Seither folgt die Pioneer 10 ihrem programmierten Kurs zum Stern Aldebaran, der sich im Sternbild Stier befindet und den sie nach

einer Flugstrecke von insgesamt 68 Lichtjahren in etwa zwei Millionen Jahren theoretisch erreichen könnte. Aus Kostengründen wurde die Pioneer 10 im März 1997 allerdings offiziell für „tot" erklärt, da es keinen Kontakt mehr zu ihr gab. Die letzte geglückte Kontaktaufnahme an der Grenze des Empfangs erfolgte im Januar 2003. Die Pioneer 10 ist heute mehr als 14 Milliarden Kilometer entfernt. Nur Voyager 1 hat mit 16 Milliarden Kilometern eine noch größere Entfernung zur Erde.

Welche Raumsonde kam der Sonne am nächsten?

Im Dezember 1995 wurde in einem Gemeinschaftsprojekt der ESA und der NASA die Sonnenforschungssonde SOHO gestartet, die seit über neun Jahren eindrucksvolle Daten und Bilder der Sonne übermittelt. Auch zur Vorhersage des Weltraumwetters werden die Messungen der Sonde eingesetzt. Die SOHO ist ungefähr eineinhalb Mil-

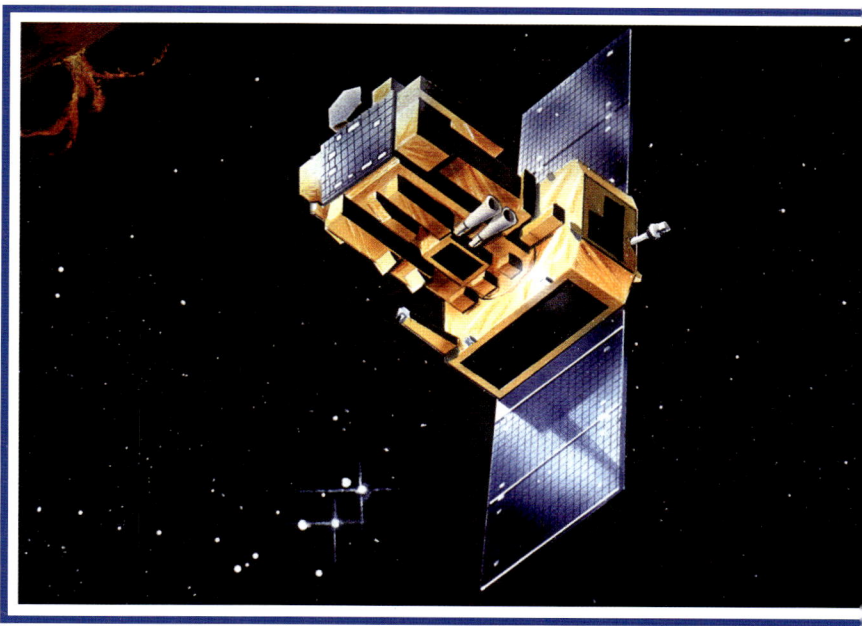

Eine Zeichnung der Raumsonde SOHO

Raumfahrt und Technik

lionen Kilometer von der Erde in Richtung Sonne entfernt und umrundet diese zusammen mit der Erde auf einer stabilen Umlaufbahn.

Was sind Raumstationen?

Raumstationen sind bemannte Raumflugkörper, die in der Erdumlaufbahn eingerichtet werden und dort für längere Zeit verbleiben. In solchen festen Stationen halten sich Astronauten oft Wochen oder Monate auf, um beispielsweise zu erforschen, wie Menschen auf die Bedingungen im Weltall reagieren oder wie Pflanzen und Tiere sich in der Schwerelosigkeit verhalten. Die Astronauten erreichen die Raumstation mit Raumfähren, mit denen sie auch auf die Erde zurückkehren. Ebenso werden die Versorgungstransporte für die Raumstation von Raumschiffen und Raumfähren übernommen.

Seit wann gibt es Raumstationen?

Die erste Weltraumstation Saljut 1 startete am 19. April 1971 ihre Reise in den Weltraum. Saljut 1 war ungefähr 16 Meter lang und wog 19 Tonnen. Die Besatzung, drei Kosmonauten aus der Sowjetunion, forschte drei Wochen lang auf der Raumstation. Dies war der bis dahin längste Aufenthalt im All. Leider überlebte ihn keiner der Wissenschaftler, denn bei der Vorbereitung der Rückkehr ereignete sich ein Unfall. 1973 starteten die USA das Projekt „Skylab". Die Besatzung dieses bemannten Weltraumlabors führte technische und medizinische Experimente durch und machte Aufnahmen von der Erde, der Sonne und verschiedenen Planeten. Seither wurde die Technik weiterentwickelt und weitere Raumstationen starteten in den Weltraum. Am längsten hielt sich bisher die russische Raumstation Mir im All auf. Sie startete im Jahr 1986, wurde regelmäßig genutzt und blieb 15 Jahre lang in der Erdumlaufbahn. Seit 1998 sind Wissenschaftler verschiedener Nationen dabei, die Internationale Raumstation, kurz ISS genannt, aufzubauen. Dazu müssen alle benötigten Teile ins All befördert und dort zusammengesetzt werden. Im Jahr 2011 soll die ISS dann endgültig fertig sein.

Die Raumstation ISS mit dem Weltraumlabor Columbus oben rechts

Wie lange war die Raumstation Mir im All?

Die Mir war eine russische Raumstation, die von 1986 bis 2001 in der Erdumlaufbahn blieb. Auf ihr lebten und arbeiteten 28 feste Besatzungen. Den bisherigen Rekord eines Menschen an Bord einer Raumstation stellte der Russe Waleri Poljakow (geb. 1942) auf der Mir auf. Er verbrachte 438 Tage ohne Unterbrechung auf der Station. In den 15 Jahren umkreiste die Mir die Erde fast 90.000 Mal. „Mir" ist übrigens das russische Wort für „Frieden".

Was ist die ISS?

Die ISS ist die Internationale Raumstation und ein gemeinschaftliches Großprojekt. Das Besondere an diesem Projekt ist, dass die Raumfahrtbehörden von Russland, Amerika, Japan, Kanada, Brasilien und elf europäischen Ländern zum ersten Mal zusammenarbeiten. Die ISS wird seit 1998 gebaut beziehungsweise ausgebaut und ist damit eine Art Großbaustelle im All. Nach ihrer geplanten Fertigstellung im Jahr 2011 wird sie die größte Raumstation sein, die es je gab. Bereits seit dem Jahr 2000 wird die ISS ständig von Astronauten bewohnt. Die Versorgung und der Transport von wechselnden Mannschaften werden mit Raumfähren organisiert. Mithilfe der ISS sollen in der Schwerelosigkeit des Alls Geheimnisse um physikalische und chemische Prozesse auf der Erde gelüftet werden. Zu bestimmten Zeiten im Jahr kannst du die ISS sogar von der Erde aus erkennen. Die genauen Zeitpunkte für ihre Beobachtung findest du auf der englischsprachigen Webseite www.heavens-above.com.

Die Internationale Raumstation ISS, aufgenommen von der Raumfähre Atlantis

Was ist ein Rendezvous im All?

Ein Rendezvous ist ja eigentlich ein romantisches Treffen zwischen zwei Menschen, die sich gern haben. Ein sogenanntes Rendezvous im All verläuft weniger romantisch, aber dafür umso durchgeplanter. 1995 dockte die Raumfähre Atlantis zum ersten Mal an die Raumstation Mir an. Durch diesen Zusammenschluss, dieses Rendezvous im All, bildeten die Mir und die Atlantis die bisher größte Raumstation, die es jemals gab.

Wie weit ist es eigentlich von der Erde ins All?

Nur etwa 100 Kilometer trennen die Erde vom Weltraum. Allerdings ist es nicht leicht, diesen Weg zurückzulegen, da die Luft mit zunehmender Höhe immer dünner wird. Aus diesem Grund ist ein Flugzeug für diese Strecke ungeeignet, seine Tragflächen bekämen immer weniger Auftrieb und den Triebwerken stünde nicht genügend Sauerstoff zur Verfügung. Man benötigt also Raketentriebwerke, die auch in der Luftleere des Alls arbeiten, um in den Weltraum vorzudringen. Das Raumfahrzeug muss für die Reise auf mindestens 28.800 Kilometer in der Stunde beschleunigt werden, um in eine stabile Erdumlaufbahn zu gelangen. In der Erdumlaufbahn im Weltall angekommen, können die Triebwerke abgeschaltet werden, denn die Geschwindigkeit bleibt wegen des fehlenden Luftwiderstands erhalten. Durch die Aufhebung der Schwerkraft herrscht bei Raumflügen vollkommene Schwerelosigkeit. Um sich noch weiter von der Erde zu entfernen, wie zum Beispiel auf einem Flug zum Mond, muss die Geschwindigkeit weiter auf 40.273 Kilometer in der Stunde erhöht werden.

Raumfahrt und Technik

Was ist Astrometrie?

Die Astrometrie ist ein Teilbereich der Astronomie. Das Wort „Astrometrie" ist, wie viele Begriffe in der Wissenschaft, griechischen Ursprungs. Es bedeutet wörtlich übersetzt „Sternmessung". Und diese Übersetzung erklärt eigentlich schon fast, worum es sich handelt, denn die Astrometrie beschäftigt sich damit, Himmelskörper zu vermessen und ihre Bewegungen genau zu erkunden. Die Wissenschaftler erstellen dazu Kataloge, in denen alle Himmelskörper, die man sehen kann, erfasst sind. Sie beschreiben darin die Größe und Position der Himmelskörper und machen Angaben über ihre Bewegung.

Wer startete den ersten Astrometriesatelliten der Welt?

Astrometriekataloge werden nicht nur gebraucht, um das Weltall besser kennenzulernen. Sie sind auch bei der Berechnung von Flugbahnen, zum Beispiel für Raumsonden, sehr wichtig. Denn durch die Informationen in den Katalogen kann verhindert werden, dass es zu Zusammenstößen kommt. Lange Zeit betrieb man die Astrometrie mithilfe von Teleskopen von der Erde aus. Erst im Jahr 1989 gelang es Wissenschaftlern der europäischen Raumfahrtbehörde ESA, den ersten Astrometriesatelliten in die Erdumlaufbahn zu schießen. Dieser wurde Hipparcos genannt. Im Jahr 2011 soll dann mit Gaia ein weiterer Astrometriesatellit ins All starten, der die Sterne viel genauer als von der Erde möglich vermessen wird.

Unterscheiden sich Raumschiffe von Raumfähren?

Das Spaceshuttle Discovery vor dem Andocken an die Internationale Raumstation ISS

Raumschiffe, die manchmal auch Raumfahrzeuge genannt werden, unterscheiden sich in wichtigen Punkten von den Raumfähren. Raumschiffe dienen zur Fortbewegung im All und zum Transport. Sie besitzen Raketentriebwerke und eine Landekapsel mit Fallschirmen, mit der sie zur Erde zurückkehren. Raumschiffe sind nur einmal verwendbar. Raumfähren hingegen sind wiederverwendbare Transportfahrzeuge für das Weltall, die sich sehr genau steuern lassen und bei der Landung wie ein Flugzeug auf dem Erdboden aufsetzen. Das Spaceshuttle ist der bekannteste Raumfährentyp und wurde von der NASA entwickelt.

Was ist ein Spaceshuttle?

Das US-amerikanische Spaceshuttle wurde als wiederverwendbare Raumfähre entwickelt. Die Kosten für Raketen und Raumfahrzeuge wie Saturn V und Apollo waren nämlich gewaltig, da nach einer Mission nichts von ihnen übrig blieb. Das Spaceshuttle besteht aus dem eigentlichen Fluggerät, das auf einem riesigen Treibstofftank sitzt, sowie je einer Feststoffrakete rechts und links des Tanks. Es startet wie eine Rakete in die Umlaufbahn und kehrt wie ein Flugzeug zur Erde zurück. Die gesamte Raumfähre, mit Ausnahme des großen Außentanks, der in der Atmosphäre verglüht, kann für neue Missionen wiederverwendet werden.

Was ist ein Orbiter?

Ein Orbiter ist ein spezieller Typ von Raumsonde, der sich seinem Namen entsprechend — lateinisch „Orbit" bedeutet „Umlaufbahn" — in der Umlaufbahn eines Himmelskörpers bewegt und nicht auf ihm landet. Zwei weitere Raumsondentypen sind die sogenannten Lander und die Vorbeiflugssonden. Orbiter sind mit wissenschaftlichen Instrumenten ausgestattet und erkunden die Atmosphäre, die Oberfläche sowie die Bodenschichten der Himmelskörper mit einer großen Genauigkeit.

Was ist eigentlich ein Teleskop?

Ein Teleskop oder Fernrohr ist ein optisches Gerät, mit dem man weit entfernte Gegenstände betrachten kann, da es vergrößerte Bilder erzeugt. Durch die Verwendung starker Fernrohre und anderer Instrumente können Astronomen uns sagen, wie zum Beispiel die Sterne, Planeten und ferne Galaxien aussehen. Heute werden Teleskope auch gerne von Hobbyastronomen benutzt.

Was ist ein Linsenteleskop?

Ein Linsenteleskop verwendet zwei Linsen, um ein Bild zu formen, ein Objektiv und ein Okular. Das Objektiv ist eine Sammellinse mit großer Brennweite. Es sammelt das Licht eines fernen Objekts und bildet es ab. Das Okular, ebenfalls eine Sammellinse, empfängt und vergrößert das Bild ähnlich einer Lupe. Das Objektiv ist an der Vorderseite des Hauptteleskoprohrs befestigt. Das Okular ist in einer Röhre montiert, die im Hauptrohr auf- und abgeschoben werden kann, um das Bild scharf zu stellen.

Das größte Linsenteleskop Deutschlands steht auf dem Telegrafenberg in Potsdam.

Wo steht das größte Linsenfernrohr der Welt?

Das größte Linsenteleskop der Welt ist das Fernrohr im Yerkes-Observatorium in Wisconsin, USA. Das Observatorium wurde schon 1897 eingeweiht und

Raumfahrt und Technik

Stichwort Teleskop

Um die Bildqualität zu verbessern, baute der englische Wissenschaftler Isaac Newton (1643—1727) im Jahr 1668 ein Teleskop, das einen konkaven, also nach innen gewölbten, Spiegel verwendete, um das Licht zu sammeln und zu fokussieren. Dieser Teleskoptyp, der Reflektor oder Spiegelteleskop heißt, wird heute von den meisten Astronomen benutzt.

erhielt seinen Namen vom Industriellen Charles Tyson Yerkes, der die Geldmittel für seinen Bau zur Verfügung stellte. Das Fernrohr hat eine Linse von nur 100 Zentimetern Durchmesser, weil der Bau von Linsen mit großen Durchmessern äußerst schwierig ist. Die modernen Spiegelteleskope übertreffen die Linsenteleskope in ihrer Leistungsfähigkeit.

Was ist ein Spiegelteleskop?

Aus technischen Gründen sind heutige Teleskope meistens aus Spiegeln aufgebaut (Reflektoren). Ein großer Hohlspiegel (Hauptspiegel) sammelt das einfallende Licht und wirft es auf einen zweiten Spiegel (Fangspiegel) zurück, der es wiederum ins Okular reflektiert. Man nennt dies auch das Newton-Prinzip beziehungsweise Newton-Teleskop. Das größte Spiegelteleskop steht auf dem 3267 Meter hohen Mount Graham in Arizona, USA. Das Large Binocular Telescope ist ein Doppelteleskop, besteht also aus zwei Spiegeln von je 8,4 Me-

tern Größe, und wurde als Gemeinschaftsprojekt der USA, Deutschlands und Italiens gebaut.

Was ist ein Weltraumteleskop?

Von der Erde aus ist der Blick in den Weltraum durch Staub, Feuchtigkeit und Luftströmungen getrübt. Als in den 60er-Jahren des 20. Jahrhunderts das Weltraumzeitalter begann, sendeten Wissenschaftler Satelliten mit bestimmten wissenschaftlichen Instrumenten in die Erdumlaufbahn. Wenige Jahre später folgten dann die ersten Weltraumteleskope. Mit ihrer Hilfe konnten die Wissenschaftler das Universum viel genauer untersuchen. Sie konnten es nun auch in Wellenlängen wie zum Beispiel in Gammastrahlen, Röntgenstrahlen, in ultraviolettem und infrarotem Licht betrachten. So erschlossen sich Bereiche, die normalerweise von der Erdatmosphäre geschluckt werden, und plötzlich sah das Weltall ganz anders aus als im sichtbaren Licht.

Das Weltraumteleskop Hubble

Was ist ein Radioteleskop?

Die ersten Teleskope, die für andere Bereiche als für das sichtbare Licht empfänglich waren, waren die Radioteleskope. Wegen der großen Entfernung der Himmelskörper sind große Antennen nötig, um Bilder mit guter Auflösung zu erhalten. Aus den Daten von Radioteleskopen erfährt man mehr über einen Himmelskörper oder über eine Galaxie als aus Bildern mit sichtbarem Licht. Man macht sich bei diesem Verfahren zunutze, dass Himmelskörper elektromagnetische Wellen im Spektralbereich der Radiowellen aussenden.

Wo steht das größte deutsche Radioteleskop?

Das größte deutsche Radioteleskop, das schwenkbar ist, steht in einem kleinen Tal bei Effelsberg in der Eifel. Es wurde 1972 in Betrieb genommen, wiegt 3048 Tonnen und hat einen Durchmesser von 100 Metern. Man kann zwar nicht durchschauen, aber dafür empfängt es Radiowellen aus unglaublich weiten Entfernungen. Du kannst dir das Teleskop auch anschauen, es befindet sich am Ende eines „Planetenwanderwegs" mit Informationstafeln zu unserem Sonnensystem und seinen Planeten.

Das Radioteleskop in Effelsberg ist das größte in Deutschland.

Was ist das Hubble-Teleskop?

Im Jahr 1990 wurde das Hubble-Weltraumteleskop auf die Erdumlaufbahn geschickt. Diese befindet sich 600 Kilometer über der Erdoberfläche, weitab von störenden Einflüssen der Erdatmosphäre. Dadurch ist die Auflösung des Hubble-Teleskops zehnmal so gut wie die eines Geräts auf der Erde. Der Hauptspiegel des Hubble-Teleskops hat einen Durchmesser von 2,4 Metern. Da der Spiegel des Teleskops falsch geschliffen war, konnte es am Anfang keine scharfen Bilder übertragen, die teure Mission wäre beinahe umsonst gewesen. Während einer Spaceshuttle-Mission wurde 1993 dann eine Korrekturoptik eingebaut. Das Hubble-Teleskop bekam also eine Brille aufgesetzt und konnte endlich scharfe Bilder senden.

Was sind Sternwarten?

Sternwarten sind Gebäude, die Wissenschaftler nutzen, um die Sterne zu beobachten. Sie sind mit Teleskopen ausgestattet und haben eine Kuppel. Diese kann zur Beobachtung geöffnet und in verschiedene Richtungen gedreht werden. Die Sternwarten, die auch du besuchen kannst, sind die sogenannten Volkssternwarten. Dort hast du die Möglichkeit, den Sternenhimmel unter fachlicher Anleitung zu erforschen. Volkssternwarten gibt es in nahezu jeder größeren und kleineren Stadt. Eine Sternwarte wird übrigens auch häufig Observatorium genannt. Die Sternwarte in deiner Nähe kannst du beispielsweise im Internet unter www.astronomie.de/gad/ finden, indem du dort einfach unter deiner Postleitzahl nachschaust.

Raumfahrt und Technik

Was ist ein Planetarium?

Planetarien sind Gebäude mit einer großen Kuppel, auf deren Innenseite durch einen Projektor Sternbilder abgebildet werden. Sie sind nicht mit Sternwarten, die der echten Himmelsbeobachtung dienen, zu verwechseln, da in ihnen der Himmel für die Zuschauer durch den Projektor künstlich erzeugt wird. Ein Besuch im Planetarium ist ein eindrucksvolles Erlebnis. Es gibt Präsentationen für verschiedene Altersklassen und zu unterschiedlichen astronomischen Themen. Die Zuschauer nehmen auf kreisförmig angeordneten Sesseln Platz, um der Inszenierung auf der Innenseite des gewölbten Kuppeldachs zu folgen. Durch modernste Technik können zum Beispiel ein Sternenhimmel und die Bewegung der Sterne dargestellt werden. Die größten Planetarien Deutschlands befinden sich in Berlin, Bochum, Hamburg, Jena, Mannheim, Münster, Nürnberg und Stuttgart.

Das Zeiss-Planetarium an der Prenzlauer Allee in Berlin hat einen 23 Meter großen Kuppelsaal.

Wer sendete uns Zeichen aus dem All?

Pulsare, also Neutronensterne, strahlen Radiowellen aus. Die beiden Wissenschaftler Jocelyn Bell (geb. 1943) und Antony Hewish (geb. 1924) empfingen 1967 Signale aus dem All und wussten zunächst nicht ganz genau, woher diese Signale eigentlich kamen. Schließlich fanden sie jedoch heraus, dass die Signale nicht von kontaktsuchenden Außerirdischen stammten, sondern von den Pulsaren ausgesendet wurden.

Wann werden die ersten Menschen zum Mars fliegen?

Die NASA hat Pläne, nach denen um das Jahr 2030 zum ersten Mal ein bemannter Flug zum Mars stattfinden soll. Geplant ist, die Fracht und Besatzung wegen des hohen Gewichts in getrennten Raumschiffen fliegen zu lassen. Die Besatzung wäre bis zu ihrer Rückkehr zur Erde etwa 30 Monate unterwegs.

Kann ich irgendwann im Weltraum Urlaub machen?

Völlig ausgeschlossen ist das nicht, es gibt bereits Pläne für ein Weltraumhotel, aber die Erfinder wissen noch nicht genau, wie die Touristen dann letztlich dorthin gelangen sollen. Fest steht jedenfalls, dass es wohl eine Menge Geld kosten wird, einen solchen Trip ins All zu unternehmen. Und überhaupt wird es noch viele Jahre dauern, bis du solch einen Urlaub im All buchen kannst.

Register